# BOTANIQUE

In-12. 1rs série

# BOTANIQUE

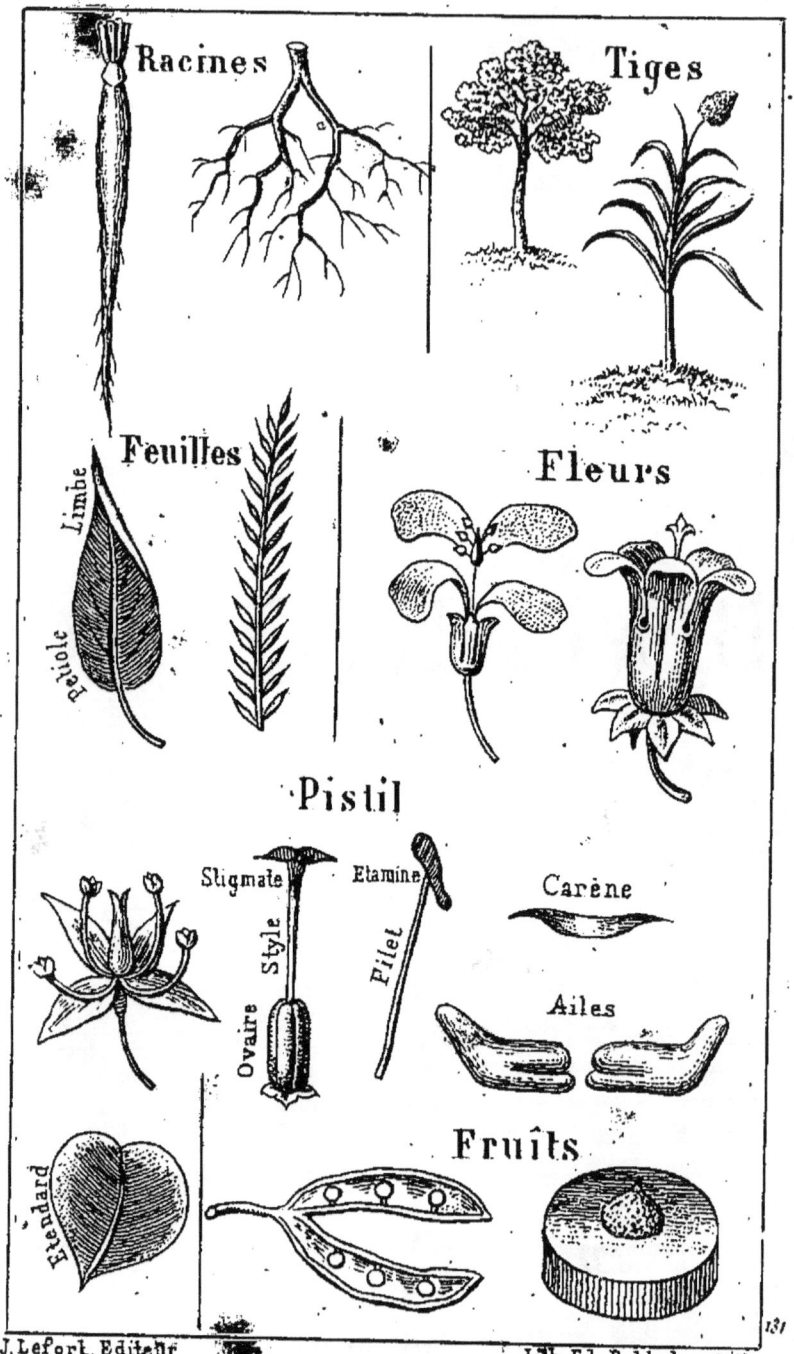

# BOTANIQUE

## A L'USAGE DE LA JEUNESSE

### PAR MADAME BONNAT

SIXIÈME ÉDITION

> Je suis la fleur des champs et le lis des vallées. CANT. II. 3.

---

LIBRAIRIE DE J. LEFORT

IMPRIMEUR ÉDITEUR

LILLE | PARIS
rue Charles de Muyssart, 24 | rue des Saints-Pères, 30

Propriété et droit de traduction réservés.

# AVIS DES ÉDITEURS

La botanique, ou l'étude aussi agréable qu'innocente des plantes et des fleurs, convient parfaitement aux jeunes personnes. Elle donne un but aux promenades champêtres, si nécessaires à leur santé. Un autre exercice également salutaire mais plus pénible, l'horticulture, devient un vif plaisir quand la botanique relève ce qu'il a de vulgaire. Cette science exerce à la fois le corps et l'esprit, aussi est-elle maintenant introduite dans la plupart des maisons d'éducation.

Les ouvrages qui traitent de la botanique

sont volumineux et chers ; sans parler de l'ennui qu'on éprouve à leur lecture, ils ont d'autres dégoûts bien connus des institutrices, et la jeunesse n'a pas, comme l'abeille, le privilége de trouver du miel sur des poisons.

Remédier à tant d'inconvénients, n'est-ce pas rendre un éminent service aux maîtresses comme aux élèves? Nous avons donc lieu d'espérer que les communautés enseignantes nous sauront gré surtout d'avoir publié ces *notions de botanique*, et s'empresseront d'adopter l'ouvrage où une supérieure a su réunir, en faveur des jeunes personnes, l'instruction et l'amusement.

# AUX ÉLÈVES

## DU PENSIONNAT DE N.-D. DE....

Chères enfants,

Devenue pour vous une nouvelle mère, et chargée de vous enseigner la route du bonheur, j'ai cru répondre aux vues de la Providence en vous développant ses bienfaits, en vous faisant remarquer que tous les objets créés doivent nous ramener vers Dieu et que nous trouvons de véritables jouissances à en admirer les moindres particularités. Mon intention n'est cependant pas de vous offrir un traité de morale, encore moins de vous effrayer par une étude scientifique, que vous accueilleriez mal au milieu des difficultés grammaticales qui déjà vous fatiguent. Je ne me propose que de vous distraire utilement, et de faire succéder, à la triste analyse et au sérieux problème, un extrait de la science la plus intéressante pour votre âge, de celle qui vous offre des fleurs à cultiver, des fruits à recueillir.

Ces NOTIONS DE BOTANIQUE ne sont point le résultat de mon expérience ; j'aurais craint de vous égarer en suivant mes propres lumières ; j'ai préféré suivre celles des maîtres qui m'ont devancée, et j'aime à leur en faire hommage. Il serait trop long d'énumérer ici tout ce que j'ai emprunté aux auteurs que j'ai consultés ; je ne pourrais pas le faire davantage dans le cours de ces notes, ayant entremêlé leurs pensées ; mais je me fais un devoir de vous indiquer leurs ouvrages [1] ; et lorsque vous saurez apprécier le charme d'une étude qui nous ouvre un livre universel et nous procure sans cesse de nouvelles jouissances, vous pourrez, selon les localités et vos dispositions particulières, consulter ces hommes savants et recueillir près d'eux des trésors de connaissances aussi précieuses qu'agréables.

Pour aider votre mémoire, j'aurais désiré élaguer de ces notes tous les termes nouvellement admis dans notre langue; leur caractère étranger effarouche les jeunes personnes; mais il faut une méthode à chaque science; avant de la mettre en pratique, il faut en connaître la théorie; et pour énoncer clairement les subdivisions de ce petit traité, je n'ai rien trouvé de mieux

---

[1] *Manuel de botanique* (Boitard); *Eléments de botanique* (J.-B. Galland); *Flore bordelaise* et *l'Ami des champs* (J. Latterade); *Flore médicale* (MM. Chaumeton, Poiret, etc.); *Cours d'agriculture* (par une société de savants); *Eléments d'histoire naturelle* (Millin); *Végétaux curieux* (B. Allent).

que les définitions adoptées par M. Boitard. Pardon, mes chers enfants, si je commence mes leçons par des mots à racines grecques; mais ne vous effrayez pas de ce début; je vous offrirai plus tard, avec le lilas et l'églantine, un langage plus facile à comprendre, heureuses si vous savez le retenir et recevoir de toutes parts des leçons de vertus, si vous savez rendre hommage à Dieu des biens qu'il nous accorde journellement, et si vous n'employez vos talents, vos richesses, vos loisirs, que pour sa gloire et l'utilité de vos semblables! C'est dans ce dessein que j'ai choisi pour épigraphe cette douce et mystérieuse allégorie, qui nous rappelle le Sauveur des hommes, enseignant les vertus par son exemple et ses bienfaits.

Qu'elle soit aussi votre devise!

# INTRODUCTION

La *botanique* est la partie de l'histoire naturelle qui a pour objet la partie du règne végétal.

La *botanique*, nommée aussi *phytologie*, nous apprend à connaître les végétaux, leur organisation et leurs fonctions, à les décrire et classer méthodiquement; enfin elle s'occupe de leur caractère, de leur culture, de leurs propriétés et de leur emploi dans l'économie domestique, les arts et la médecine.

Ces notions se divisent en deux parties, qui sont la *botanique théorique* et la *botanique appliquée*.

La botanique théorique est la partie scientifique de ces notes; elle est hérissée de quelques difficultés, n'est pas très-attrayante pour les jeunes personnes, qui n'y aperçoivent qu'un long et pénible exercice de mémoire; elle est néanmoins la plus utile : elle enseigne tout ce qu'il est essentiel de savoir pour pouvoir appliquer au besoin, et sans le secours d'un maître, les observations qu'on peut faire, et elle sert de clef à la seconde partie, qui, sans son secours, ne serait qu'allégorique.

Elle se partage en quatre subdivisions : 1° la *glossologie* ou art de connaître et de décrire une plante ; 2° la *physiologie végétale* ou jeu de ses différents organes ; 3° la *phytothérosie* ou connaissance des maladies parmi les végétaux ; et 4° la *taxonomie* ou art de classer les plantes pour en rendre la recherche plus facile.

La botanique appliquée, ou étude des plantes dans les rapports qu'elles peuvent avoir avec l'homme et les animaux, est sans contredit la plus intéressante partie de cette science ; elle dédommage de tous les travaux et devient une jouissance toujours nouvelle. On lui donne aussi quatre subdivisions, en étudiant la botanique 1° *médicale*, 2° *agricole*, 3° *littéraire*, 4° *amusante*.

# NOTIONS DE BOTANIQUE

à l'usage des jeunes personnes.

## PREMIÈRE PARTIE

### BOTANIQUE THÉORIQUE

*J'indique la science, un autre l'enseignera.*

## GLOSSOLOGIE

Nous remarquerons dans les plantes cinq parties principales qui ont elles-mêmes plusieurs subdivisions. Ces cinq premières parties sont : les *racines*, la *tige*, es *feuilles*, la *fleur* et les *fruits*.

Avant d'entrer dans le détail de chacune de ces parties, nous allons essayer d'esquisser rapidement l'ensemble d'une plante.

La *graine* est un œuf végétal qui renferme une plante semblable à celle qui l'a produit. Lorsque cette graine germe, on voit paraître deux feuilles épaisses qui ne ressemblent point à celles qui doivent les suivre ; on les nomme *cotyledons*. Entre ces feuilles se trouvent placées la *radicule* ou premier rudiment de la racine, et la *plumule* ou premier rudiment de la tige. A mesure que la plante se développe, on voit s'allonger la tige, souvent garnie de *boutons* ou *gemmes* qui renferment des *feuilles*, des *fleurs* et des *branches*. Plus tard la tige se ramifie; elle émet des branches, celles-ci des rameaux, et ceux-ci des *ramilles*. Toutes ces ramifications sont recouvertes d'une *écorce* composée d'un *épiderme*, d'un *tissu cellulaire*, des *couches corticales* ou *liber*. Sous l'écorce est l'*aubier* ou *faux bois*; vient ensuite le *bois parfait*, et l'*étui médullaire* qui contient la *moelle*.

Les *feuilles* se composent de deux parties : du *limbe* ou feuille ordinaire, et du *pétiole* ou petite queue qui lui sert de support.

La *fleur* est l'appareil complet ou incomplet des organes reproducteurs. Ces organes sont les *étamines* et le *pistil*. La base du pistil, souvent renflée, se nomme *ovaire*; le sommet du pistil est le *stigmate*; le filament allongé qui se voit souvent entre l'ovaire et le stigmate se nomme *style*. Les têtes oblongues des étamines se nomment *anthères*, et la poussière qu'elles contiennent se nomme *pollen*.

Les enveloppes qui entourent la fleur se nomment, prises ensemble, le *périanthe;* les petites feuilles diversement colorées qui se trouvent à l'entour sont les *pétales*, dont la réunion se nomme *corolle*. Les personnes peu instruites donnent le nom de fleur à la corolle, qui n'en est qu'une enveloppe. Quand la corolle est composée de plusieurs pétales, elle prend le nom de *polypétale*; si au contraire elle n'en a qu'une, on la nomme *monopétale*. Au-dessous de la corolle est souvent une seconde enveloppe verte qu'on nomme le *calice*;

les petites feuilles qui l'entourent sont les *folioles*.

Quelquefois les fleurs en grand nombre sont posées sur un *réceptacle* commun, nommé *disque* ou *phoranthe*, et les fleurs se nomment *fleurons*.

Quand une fleur est munie d'étamines et de pistil dans le même périanthe, on la dit *monocline* ou *hermaphrodite*. Si elle n'a que des étamines, elle est *mâle*; si elle n'a que des pistils, elle est *femelle*. Si le même végétal porte à la fois des fleurs mâles et des fleurs femelles, la plante est *monoïque*; si chaque individu porte l'un des fleurs mâles, l'autre des fleurs femelles, la plante est *dioïque*.

Les végétaux sans fleurs se nomment *agames*; ceux chez qui l'on distingue difficilement les étamines du pistil s'appellent *cryptogames*.

Le *fruit* provient de l'ovaire qui se renfle et se développe avec le temps.

Quand les *semences* sont nues, elles forment le fruit à elles seules; si elles sont enveloppées, l'appareil entier prend le nom de *fruit*, et la semence celui de *graine*.

Les végétaux sont toujours implantés dans un corps quelconque, mais ordinairement dans la terre. On nomme *parasites* ceux qui croissent sur d'autres plantes.

Les plantes se divisent naturellement en *ligneuses* et en *herbacées*. Les ligneuses sont celles dont la consistance de la tige est forte et solide; elles se subdivisent en *arbres*, *arbrisseaux* et *arbustes*. Les herbacées sont beaucoup plus faibles que les ligneuses; elles se subdivisent en *herbacées* proprement dites et en *mousses*.

Les plantes se reproduisent par semences, par *caïeux*, par *drageons*, par *boutures*.

La culture améliore les végétaux et naturalise les plantes étrangères.

## 1° LES RACINES

La *racine* est la partie la plus inférieure du végétal et par le moyen de laquelle il est fixé à un corps. La partie supérieure de la racine est le *collet* ou *nœud vital*.

La durée de la racine détermine celle du végétal. On les distingue généralement par ces signes : ☉ *annuelles*, ♂ *bisannuelles*, ♃ *vivaces*. Un autre signe détermine les végétaux vivaces dont la racine est ligneuse : ♭.

Quant à leurs formes, les racines sont *simples*, sans divisions (le salsifis); *rameuses*, subdivisées en branches et rameaux (presque toutes les plantes ligneuses); *chevelues*, composées de plusieurs petites racines très-menues (le fraisier); *grumeleuses*, formées par la réunion de petits corps ronds et tubéreux (la saxifrage grenue); *tubéreuses*, formées de masses épaisses et charnues, connues sous le nom de *tubercules* (le topinambour); *palmées*, *digitées*, formées par des tubercules plus ou moins allongés ou divisés (les orchis); *articulées*, ayant de distance en distance des impressions semblables à des articulations (le sceau de Salomon); *filipendulées*, à filets radicaux portant des tubercules (la filipendule); *contournées*, quand elles éprouvent des torsions sur elles-mêmes (la bistorte); *tronquées*, lorsqu'elles semblent avoir été rongées à leurs extrémités (la valériane des bois); *bulbeuses*, surmontées d'une bulle ou ognon (le lis).

Il est des plantes qui semblent dépourvues de racines (le nostoc); il en est d'autres qui semblent toutes racines (la truffe).

## 2° LA TIGE

La tige est un corps qui, partant du collet de la racine, rampe ou s'élève en différentes directions et porte pour l'ordinaire les autres parties de la plante.

La tige reçoit différents noms, selon les plantes auxquelles elle appartient. Les principaux sont : le *tronc*, tige ligneuse des arbres et arbrisseaux ; la *stipe*, tige aussi grosse en haut qu'en bas, et portant sur sa longueur les impressions des feuilles tombées (les palmiers) ; le *chaume*, tige articulée des graminées ; la *hampe*, espèce de pédoncule radical ou tige s'élevant de la racine sans feuilles (le muguet, le pissenlit). La *tige* proprement dite est un nom qui se donne à toutes celles qui n'appartiennent pas à l'un des quatre genres précédents.

Une plante sans tige est dite *acaule* (la mandragore).

On observe dans la tige : sa *durée*, sa *structure*, sa *direction*, sa *forme*, sa *vestiture*, sa *disposition* et ses *accessoires*.

Sa *durée :* la tige est, comme les racines, *annuelle*, *bisannuelle*, *vivace*, *ligneuse*.

Sa *structure :* elle est *herbacée*, de même nature que l'herbe (le mouron blanc) ; *médulleuse*, remplie de moelle (le sureau) ; *spongieuse* (les joncs) ; *fistuleuse* (l'ognon) ; *solide* (le buis).

Sa *direction :* la tige est *rampante*; étendue sur le sol sans s'y enraciner (la pervenche); *traçante*, étendue sur le sol et s'y enracinant (le fraisier) ; *tombante*, inclinée vers le sol (le saule pleureur); *dressée*, s'élevant perpendiculairement à l'horizon (le pin) ; *oblique*, s'élevant en diagonale sur le plan de l'horizon (le frêne) ;

*flexueuse*, formant plusieurs flexions sur un même plan (la verge d'or flexueuse); *en spirale* (le liseron).

Sa *forme :* la tige peut être *cylindrique*, sans angles (le jonc fleuri) ; *comprimée*, applatie des deux côtés opposés (le pâturin comprimé); *triangulaire*, à trois angles (les carex); *tétrangulaire*, à quatre angles (les labiées), *striée*, ayant un grand nombre de petites raies longitudinales enfoncées et rapprochées (la carotte) ; *sillonnée*, ayant des raies plus larges longitudinales et creusées en gouttières (la bette des jardins) ; *noueuse*, ayant des renflements ou nœuds de distance en distance (les graminées); *articulée*, comme formée par des articles réunis bout à bout (l'œillet); *effilée*, longue, grêle, amincie de sa base au sommet (le noisetier).

Sa *vestiture :* la tige est *unie*, celle qui est sans aspérités; *glabre*, sans poils ni duvet (la pervenche lisse, la capucine) ; *pulvérulente*, couverte d'une poussière produite par le végétal (la primevère farineuse) ; *tomenteuse*, garnie d'un duvet plus ou moins serré (le bouillon blanc) ; *soyeuse*, munie de poils serrés, luisants, soyeux au toucher (le saule blanc); *aiguillonnée*, garnie d'aiguillons ou d'épines (les rosiers, les chardons); *aphylle*, sans feuilles (l'oreille d'ours) ; *écailleuse*, garnie de feuilles ou rudiments de feuilles en forme d'écailles (la clandestine) ; *engaînée*, revêtue de gaînes formées par les feuilles (les cypéracées).

Ses *divisions : simples*, quand elles n'offrent pas des ramifications sensibles (le bouillon blanc) ; *rameuse*, divisée en branches et rameaux (le lilas) ; *fastigiée*, branches rapprochées de la tige et s'élevant vers le ciel (le cyprès pyramidal).

Les *rameaux* sont : *alternes*, solitaires et à des distances à peu près égales (le tilleul); *opposés*, par paires sur deux points opposés (l'érable); *verticillés*, partant de points opposés, mais à la même hauteur comme les rayons d'une roue (le pin); *épars*, placés çà et là sans ordre régulier (le pommier); *distiques*, placés en deux séries opposées (le thuia); *divergents*, très-ouverts et verticillés (l'érable).

Ses *accessoires* sont les *vrilles*, filets simples ou rameaux qui se roulent en spirale autour des corps étrangers pour soutenir les tiges qui en sont munies (la vigne); les *aiguillons*, piquants qui ne tiennent qu'à l'écorce du végétal (les rosiers); les *épines*, qui sont acérées, ligneuses, et qui sont un prolongement de la partie ligneuse du végétal, espèce de rameaux avortés (la robinie); les *glandes*, petits corps vésiculeux, arrondis ou ovales, sessiles ou stipulés qu'on aperçoit sur plusieurs parties des végétaux et plus particulièrement sur les feuilles, le calice et les pétales; enfin les *poils*, organes filamenteux plus ou moins déliés, servant à l'absorption et à l'exhalation dans les végétaux.

## 3° LES FEUILLES

Les *feuilles* sont des organes qui servent à l'aspiration et qui peuvent être regardées comme un prolongement de l'écorce.

Lorsque la feuille est pourvue d'un pétiole, on la dit *pétiolée* (la bédoine); si elle n'en a pas, on la dit *sessile* (la nigelle); quelquefois le pétiole est accompagné de petites productions foliacées qu'on désigne sous le nom de *stipules*.

On remarque dans les feuilles plusieurs nervures desquelles partent des ramifications nombreuses et extrêmement déliées. La substance pulpeuse comprise entre ces ramifications se nomme *parenchyme*. Si la feuille est soutenue par des côtes longitudinales et simples, on la dit *nervée* (le plantain); si ces côtes sont ramifiées et diversement disposées, on la dit *véinée* (l'orme).

Les feuilles naissent ou du collet, ou de la tige, ou des branches; elles sont donc *radicales*, prenant naissance sur le collet (la paquerette); *caulinaires*, insérées sur la tige (le thym); *raméales*, croissant sur les rameaux (le tilleul).

On appelle *feuilles florales* ou *bractées*, de petites feuilles qui accompagnent la fleur et qui sont ordinairement différentes des autres.

Si le pétiole n'est surmonté que d'une seule expansion, la feuille est *simple* (le lilas); s'il est surmonté de plusieurs folioles, la feuille est *composée* (le rosier).

La feuille simple peut être *orbiculaire*, lorsqu'elle approche de la figure d'un cercle (l'écuelle d'eau); *arrondie*, lorsqu'elle approche de la figure orbiculaire (la mauve à feuille ronde); *ovale*, arrondie également vers les deux bouts et plus longue que large (le plantain ordinaire); *obovés*, en ovale renversé (la baccaris); *en parabole*, plus longue que large et se rétrécissant vers le sommet; *spatulée*, quand sa forme se rapproche d'une spatule de pharmacien (la paquerette); *lancéolée*, imitant un fer de lance (le pêcher); *linéaire*, également étroite dans toute sa longueur et finissant en pointe (le lin); *subulée*, ayant la base linéaire et le sommet terminé en pointe allongée (le plantain subulé); *capillaire*, très-menue imitant un cheveu (quelques graminées); *falquée*, courbée vers le sommet comme le fer d'une faux (le buplèvre falqué); *inéqualatère*, à côtés inégaux (le tilleul); *cordiforme*, en forme de cœur (le noisetier); *réniforme*, arrondie, ayant un sinus à sa base (l'arbre de Judée); *sagittée*, triangulaire, échancrée à sa base et dont les échancrures se jettent en dedans (le liseron des champs); *aiguë*, terminée en pointe fine (le laurier-rose); *mucronée*, terminée brusquement par une pointe piquante (l'auréole odorante); *acuminée*, terminée par une pointe effilée mais molle (le mérisier à grappes); *obtuse*, l'opposé d'aiguë (la nymphæa alba); *tronquée*, dont le sommet est terminé par une coupe transversale (le tulipier); *obcordée*, en cœur renversé (foliole de l'alleluia); *deltoïde*, celle qui a à peu près la forme d'un triangle équilatéral (le peuplier noir); *crénelée*, garnie sur ses bords de dents arrondies (l'écuelle d'eau); *dentée*, garnie de dents pointues, distinctes (la pimprenelle); *épineuse*, munie sur les bords de pointes dures et piquantes (le chardon, le houx); *palmée*, divisée profondément, imitant une main ouverte (le platane); *auriculée*, ayant à sa base deux petits lobes latéraux appelés oreillettes (la scrofulaire aquatique); *pandurée*, ressemblant au corps d'un violon (le rumex pulcher); *sinuée*, ayant plusieurs échancrures arrondies (la jusquiame); *gladiée*, ressemblant à une lame d'épée (l'iris de Germanie).

La feuille composée est : *bifoliée*, *trifoliée*, etc.; c'est-à-dire à deux, trois ou plusieurs folioles ou petites feuilles comme dans l'acacia; *pinnée* ou *ailée*, quand le pétiole porte de chaque côté plusieurs folioles (le cornouiller); *bijuguée*, s'il existe deux conjugaisons (la fève).

La feuille composée peut encore être : *biconjuguée*, quand les folioles sont deux fois deux à deux; *hipinnée*, lorsque le pétiole commun porte un rang de pétioles pinnés de chaque côté (beaucoup de légumineuses).

Quant à leur position, les feuilles sont : *stipulées*, accompagnées de stipules ou appendices foliacés que l'on trouve à la base des véritables feuilles (les papilionacées); *amplexicaules*, celles qui, étant alternes ou opposées, embrassent par leur base la tige ou les rameaux (le laurier amplexicaule); *perfoliées*, traversées par la tige (le buplèvre perce-feuille); *connées*, opposées et réunies par leur base de manière à ne paraître en former qu'une (le chèvre-feuille); *décurrentes*, dont la base se prolonge sur la tige ou sur les rameaux (quelques chardons); *engaînantes*, dont la base forme un tube cylindrique qui engaîne la tige (les graminées); *géminées*, partant deux à deux du même point (la belladone); *distiques*, lorsqu'elles sont disposées sur deux rangs opposés (le laurier-cerise); *fasciculées*, partant plusieurs ensemble d'un même point (l'épine-vinette); *imbriquées*, de manière que les unes recouvrent la moitié des autres (quelques cyprès); *opposées*, placées vis-à-vis les unes des autres (syringa); *verticillées*, disposées en anneaux (le caille-lait).

Les plantes qui n'ont pas de feuilles se nomment *aphylles*.

---

### 4°. LA FLEUR

La fleur est l'assemblage des organes de la fructification. Dans une fleur complète on distingue quatre parties : le *calice*, la *corolle*, l'*étamine* et le *pistil*.

Le support de la fleur se nomme *pédoncule;* la fleur qui n'en a pas est dite *sessile*.

Le *calice* est l'enveloppe extérieure de la fleur ; il est *persistant*, s'il existe aussi longtemps que les autres parties de la fleur (le pommier); celles qui n'ont pas de calice sont dites *nues* (l'anémone des bois). Le calice est *partiel* (la rose), ou *commun* (le soleil), selon qu'il renferme une ou plusieurs fleurs. Les parties analogues au calice et qui le remplacent dans certaines plantes sont : la *collerette* (les ombellifères) ; le *spathe* (l'arum) ; la *glume* (le grain de blé); la *valve* (le champignon).

La *corolle* est l'enveloppe immédiate des organes de la fructification, presque toujours colorée et souvent odorante. On remarque d'abord son insertion : elle est *hypogyne*, si elle prend naissance sous l'ovaire ou pistil (le lis) ; elle est *périgyne*, si elle naît sur les parois du calice (le grenadier); elle est *épigyne*, si elle prend naissance au sommet de l'ovaire.

La corolle est *monopétale* ou *polypétale*, selon qu'elle est composée d'un ou de plusieurs pétales. La corolle monopétale est *régulière* ou *irrégulière*.

La *corolle monopétale régulière* peut être : *tubulée*, lorsque sa base forme un tube (la petite centaurée); *campanulée*, ou en forme de cloche (la campanule) ; *globuleuse*, en forme d'un petit globe (quelques bruyères); *infundibuliforme*, ou en entonnoir (la primevère); *hypocratériforme*, ou tube à la base et dont les bords s'élargissent brusquement (le jasmin); *rotacée*, ou en roue (la bourrache); *étoilée*, à tube court et divisions du limbe aiguës (le caille-lait).

La *corolle monopétale irrégulière* peut être *labiée*, c'est-à-dire avec une partie du limbe formant une languette (la sauge); *personnée*, en forme de masque (le mufle de veau).

La *corolle polypétale régulière* peut être *cruciforme*, composée de quatre pétales opposés deux à deux (le raifort); *rosacée*, en forme de rose; *caryophyllée*, en forme d'œillet (la stellère).

La *corolle polypétale irrégulière* peut être *papilionnacée*, en forme de papillon, formée de cinq pétales irréguliers dont le supérieur se nomme l'*étendard*: les deux latéraux, les *deux ailes*; et les deux inférieurs, souvent soudés, la *carène* (le genêt, les pois). On appelle *anomale* la corolle dont on ne peut désigner la forme (la violette). La plante qui n'a pas de pétales est dite *apétale*.

L'*étamine* a deux parties, le *filet* et l'*anthère*. Le filet est la partie mince et allongée de l'étamine; l'anthère est le petit globule qui la termine et qui renferme une poussière nommée *pollen*. Quand le filet manque, l'anthère est *sessile*.

Le *pistil* est ordinairement formé de trois parties : l'*ovaire*, le *style* et le *stigmate*. Le *style* est la partie allongée du pistil; le *stigmate* est la partie supérieure; l'*ovaire* ou partie inférieure est *supère* quand on le voit dans la corolle ; il est *infère* quand il est placé au-dessous de la corolle.

Toutes les parties qui sont comme ajoutées à celles que nous venons de décrire, se nomment : *nectaire, capuchon, éperon, couronne, écaille, urcéole*.

La fleur peut être *simple* ou *composée*. Elle est *simple* quand elle repose seule sur son réceptacle (l'églantine); elle est *composée* quand la fleur est elle-même l'assemblage de plusieurs petites fleurs, placées sur un réceptacle commun (la marguerite). Le *réceptacle* est la partie du calice où est fixé l'ovaire.

Parmi les petites fleurs qui forment les fleurs composées, les unes ont toutes les parties de leur limbe ou bord égales, et on les nomme *fleurons;* celles qui ont une partie de ce limbe qui dépasse sensiblement les autres, s'appellent *demi-fleurons,* et la partie qui avance se nomme *languette.* La fleur composée est *flosculeuse* si elle ne renferme que des fleurons (chardon) ; elle est *semi-flosculeuse* si elle ne comprend que des demi-fleurons (salsifis); elle est *radiée* si elle est composée de fleurons et de demi-fleurons (séneçon).

Les fleurs affectent un grand nombre de dispositions que l'on réduit aux suivantes :

1° Le *chaton*, qui consiste en un assemblage de petites feuilles ou d'écailles florales, fixées autour d'un axe plus ou moins allongé, grêle, pendant, chacune d'elles recouvrant un ou deux organes du même sexe (le saule, le peuplier).

2° L'*épi*, qui consiste en un assemblage de fleurs sessiles ou portées sur un court pédoncule et fixées autour d'un axe commun (le seigle).

3° La *grappe;* assemblage de fleurs disposées en plusieurs groupes formés par une ramification courte et composée de leur axe commun (la vigne).

4° La *panicule;* elle consiste dans un assemblage de ramifications allongées et éparses, fixées aussi sur un axe commun (agrostide commun).

5° Le *thyrse*, qui ressemble un peu à la panicule; c'est une grappe de fleurs à pédicelles rameux avec ceux du milieu plus longs que ceux du sommet et du bas (lilas).

6° Le *corymbe;* disposition de fleurs telle que le pédoncule commun porte des pédoncules secondaires qui, partant de points différents, élèvent les fleurs à peu près à la même hauteur (mille-feuilles).

7° La *cime*; c'est une espèce d'ombelle irrégulière dont les pédoncules partent d'un centre commun, mais dont les autres ramifications sont irrégulièrement rameuses et arrivent à la même hauteur (le sureau).

8° Le *faisceau*; groupe de fleurs droites, rapprochées, s'élevant parallèlement à la même hauteur (œillet barbu).

9° L'*ombelle*; tous les pédoncules égaux entre eux partant d'un même point et s'élevant à peu près à la même hauteur (carotte).

10° Le *verticille*; on donne ce nom à la disposition qu'affectent les fleurs quand elles sont attachées en anneau et d'étage en étage autour de leur support (caille-lait).

11° Le *céphalante*; on nomme ainsi un assemblage plus ou moins globuleux et terminal de fleurs serrées les unes contre les autres sans pédoncules manifestes (l'hyacinthe monstrueuse).

12° La *calathide*; c'est le nom que l'on donne à l'assemblage des fleurs composées (le soleil).

13° Le *strobile*; assemblage arrondi ou ovoïdal d'écailles coriaces ou ligneuses, imbriquées en tous sens d'une manière plus ou moins serrée autour d'un axe commun. Le strobile ne diffère du chaton que par ses écailles (pin).

14° La *sertule*; on appelle ainsi l'assemblage de plusieurs pédicelles uniflores, naissant tous du même point, à peu près comme l'ombelle (primevère, oreille d'ours).

15° La *glomérule*; assemblage de fleurs nombreuses, sessiles ou presque sessiles, formant de petits groupes serrés, disposés le long de la tige (bette des jardins).

16° Le *spadix*; assemblage de fleurs unisexées, nues, distinctes et sessiles sur un pédoncule commun, ordinairement renfermé dans un spathe (arum).

Par la culture, les étamines se changent quelquefois en pétales. On appelle *fleur double*, celle qui a conservé quelques étamines, et *fleur pleine*, celle qui n'a que des pétales.

---

### 5° LES FRUITS

Dans le fruit on distingue le *péricarpe* et la *graine*. La *graine* est la semence qui contient le germe d'une nouvelle plante. Le *péricarpe* est l'enveloppe de la graine et ce qu'on appelle vulgairement le *fruit*.

On divise les fruits en vingt-deux espèces, qui ont été consacrées par l'application qu'en ont faite les botanistes.

1° *Epi*; bractées écailleuses, formant un double calice appliqué l'un sur l'autre, renfermant la graine et entourant un axe commun simple ou ramifié (seigle, froment).

2° *Strobile*; écailles formées par des bractées coriaces ou ligneuses, imbriquées autour d'un axe commun qu'elles cachent (pin, sapin).

3° *Chaton*; écailles formées par des bractées d'une consistance sèche, mais foliacées, peu ou point imbriquées, laissant apercevoir l'axe qu'elles entourent (saule, bouleau).

4° *Cariospe*; fruit sec dont le péricarpe est tellement adhérent avec le tégument de la semence, qu'il se confond avec lui (grain de blé).

5° *Akène;* un seul fruit à péricarpe membraneux qui, quoique adhérent à la graine, en est cependant distinct (les composées).

6° *Polakène;* deux fruits réunis à péricarpe membraneux qui, quoique adhérent à la graine, en est cependant distinct (les ombellifères).

7° *Utricule;* fruit non adhérent avec le calice et peu apparent (les amaranthes).

8° *Samare;* enveloppe coriace, membraneuse, très-comprimée, foliacée sur les bords, divisée en une ou deux loges qui ne s'ouvrent point (graine d'orme, d'érable).

9° *Noix;* fruit dur, presque ligneux ou osseux, à peu de loges et ne s'ouvrant point avant la germination (gland, bourrache).

10° *Follicule;* capsule allongée à une seule loge, s'ouvrant par une fente longitudinale (aconit, pied d'alouette).

11° *Pyxide;* fruit globuleux ou ovale, s'ouvrant par une suture transversale, valves placées l'une sur l'autre (pourpier, mouron).

12° *Coque;* fruit sphérique, deux loges élastiques se séparant à la maturité (euphorbes).

13° *Siliques;* deux sutures longitudinales aussi prononcées l'une que l'autre, attachant les deux valves, fruit quatre fois plus long que large (chou, rave).

14° *Silicule;* deux sutures longitudinales aussi prononcées l'une que l'autre, fruit n'étant pas quatre fois plus long que large (thlaspi).

15° *Gousse;* deux sutures longitudinales; celle où les graines sont attachées beaucoup plus prononcée que celle qui lui est opposée (haricot, pois).

16° *Capsule;* fruits s'ouvrant d'eux-mêmes et n'entrant dans aucune des espèces indiquées (tulipe, balsamine).

17° *Drupe;* fruit ne renfermant qu'un seul noyau osseux ou pierreux (pêche, cerise).

18° *Nuculaire;* fruit renfermant plusieurs noyaux osseux et distincts, non couronné par les lobes du calice (sureau, lierre).

19° *Péponide;* loge des graines écartées de l'axe du fruit et placées près de la circonférence (melon).

20° *Pomme;* fruit couronné par les lobes persistantes du calice (poire, pomme).

21° *Baie;* fruit n'offrant pas de loges distinctes, n'étant pas réunies sur un réceptacle commun (raisin, groseille).

22° *Syncarpe;* réunion de baies ne formant qu'un seul fruit (mûre, framboise).

# PHYSIOLOGIE VÉGÉTALE

Tous les êtres de la nature étaient classés autrefois en trois *règnes* : le règne *minéral*, le règne *végétal* et le règne *animal*. Les naturalistes modernes rangent tous ces êtres en deux seules classes : les corps *inorganiques*, c'est-à-dire dépourvus d'*organes*, comme les minéraux, les fluides, les gaz; et les corps *organiques*, ou pourvus d'organes, comme les végétaux et les animaux.

Les plantes vivent et meurent à leur manière ; elles absorbent l'air ou respirent; elles exhalent l'air ou transpirent ; elles absorbent l'eau; elles se nourrissent de sucs et de débris végétaux ou animaux; elles croissent; elles ont de la sensibilité ou du moins de l'irritabilité; elles se reproduisent par des graines comparables à des œufs. Voilà bien des analogies entre le règne végétal et le règne animal; mais vouloir assimiler entièrement les plantes aux animaux, c'est tomber dans le même ridicule que ce savant qui a fait un chapitre sur l'extrême *ressemblance d'un chat avec un rosier*. Sans attacher une importance fort grande à ces analogies, nous dirons en passant un mot de chacune d'elles.

## LA SEMENCE

On appelle *semence* cette partie du fruit qui renferme les principes ou rudiments d'une nouvelle plante, c'est l'œil végétal qui doit reproduire une espèce semblable à celle dont il est issu.

Si l'on place la semence ou la graine dans des circonstances favorables, l'humidité pénètre dans l'intérieur, gonfle la plantule, et facilite la rupture des enveloppes du *germe* ou *embryon* en les amollissant; elle forme en outre les éléments de la nutrition. La chaleur agit aussi sur la jeune plante à peu près comme sur les animaux, c'est-à-dire en qualité de stimulant. Il en faut plus ou moins, selon l'espèce de plante; en général, le terme moyen le plus convenable est de quinze à vingt degrés. Les graines ne germent pas dans le vide de la machine pneumatique, ce qui prouve que l'air est aussi nécessaire à la germination des plantes qu'à leur existence.

Les couleurs des graines sont extrêmement variées, leurs formes également; la plupart des graines peuvent conserver leur faculté germinative très-longtemps : les haricots soixante ans; on a fait germer des graines de sensitive qui avaient plus de cent ans. Il en est d'autres qui cessent d'être propres à la germinaison, même à la fin de l'année. Voici un aperçu de la germination de quelques graines en temps ordinaire.

Le *cresson alénois* germe au bout de deux jours; le *haricot*, le *navet*, l'*épinard*, de trois; la *laitue*, l'*anet*, de quatre; le *melon*, la *courge*, de cinq; le *raifort*, la *poirée*, de six; l'*orge*, de sept; le *millet*, le *blé*, de huit; le *pourpier*, de neuf; le *chou*, de dix; l'*hyssope*, d'un mois; le *persil*, de quarante jours ; le *pêcher*, le *châtaignier*, au bout d'une année; enfin le *rosier*, l'*aubépine*, le *noisetier*, au bout de deux ans.

Les mers, les rivières, les vents et les animaux sont les agents disséminateurs des graines et les répandent sur toute la surface du globe; on peut, à ce sujet, lire quelques-unes des charmantes pages des *Études de la nature*.

La fécondité des végétaux est immense. Les Mémoires de l'Académie des sciences font mention d'une vigne qui couvrit en peu de temps une galerie et produisit, en 1731, quatre mille deux cent six grappes. D'une seule racine, en un été, l'année donne trois mille graines, le soleil quatre mille, le pavot trente-deux mille, et le tabac quarante mille trois cent vingt (Linnée). D'après cet aperçu on peut juger combien d'années il faudrait pour que le globe se couvrît de pavots si aucune des graines ne périssait. La Providence, toujours sage, en a fait la nourriture des oiseaux, et veille à ce que cette multiplication soit proportionnée à notre utilité.

## LA RACINE

On donne le nom de *racine* à cette partie du végétal qui ne devient jamais verte dans son tissu quand elle est exposée à l'air, qui cherche l'obscurité et l'humidité, et qui croît toujours dans un sens opposé à celui des tiges.

A l'exception de quelques nostocs, toutes les plantes sont munies de racines. Celles-ci peuvent parfois changer de place, mais jamais de direction.

La durée des racines n'est pas toujours conforme à celle des tiges; dans les plantes vivaces, les tiges sèchent et tombent tous les ans, et les racines vivent plusieurs années. Les racines ligneuses des arbres et arbrisseaux vivent autant qu'eux ; il en est autant des racines annuelles, qui naissent et meurent avec la plante à laquelle elles appartiennent.

Toutes les racines ne croissent pas sur la terre : il en est qui flottent sur les eaux, les autres serpentent sur les troncs d'arbres et les rochers; ce sont les *fausses parasites* : d'autres pénètrent dans la substance des écorces d'arbres et se nourrissent de leur sève; ce sont les plantes *parasites*.

Les fonctions des racines consistent autant à fixer le végétal sur le sol qui l'a vu naître, qu'à lui transmettre de la nourriture. Les racines absorbent les sucs nourriciers par de petites bouches aspirantes ayant la forme de pores et placées à l'extrémité de chaque fibre ou chevelu; il en résulte que plus une plante a de chevelus, plus elle peut transmettre de nourriture à la tige.

Les racines ont quelquefois une force extraordinaire de végétation. On a vu des lierres percer des rochers, renverser des murailles; les racines de la vigne percent le tuf; celles de l'orme passent sous des murs pour aller chercher une meilleure terre.

Plus une terre est labourée, plus les racines s'y ramifient et s'y étendent; si elles rencontrent une bonne veine de terre, elles la suivent ; si une racine trouve une conduite d'eau, elle s'y plonge en se ramifiant beaucoup et se moule sur le canal; c'est ce qu'on appelle *queues de renard*. Les racines ne sont pas toujours en proportion de la tige : ainsi la luzerne, dont la tige est très-petite, a des racines longues de quinze à vingt pieds; et le sapin, dont la tige est très-élevée, a de très-petites racines.

Les racines présentent quelquefois des phénomènes singuliers. Les Mémoires de la Société d'agriculture font mention d'un acacia de la Nouvelle-Angleterre, dont la racine descendit dans un puits, après avoir traversé une cave de la longueur de soixante-six pieds, et cette racine produisit ensuite un grand arbre.

Toutes les parties d'un végétal susceptibles de fournir des rameaux peuvent aussi produire des racines; celles-ci peuvent même se métamorphoser en rameaux si elles se trouvent dans des circonstances nécessaires. Cette expérience est facile à faire avec un jeune saule : qu'on plante ses branches en terre, celles-ci émettront des racines, et les racines pousseront des feuilles et des rameaux.

Les racines ont plusieurs usages économiques : elles servent de nourriture aux animaux; on les emploie en médecine; on en fait divers ouvrages, des teintures, etc. On plante encore dans les sables mouvants des espèces de roseaux dont les racines s'étendent, s'entortillent et fixent le sable par leurs nombreuses ramifications.

## LA TIGE

La *tige* est cette partie du végétal qui part du même point que la racine, mais qui s'élève ordinairement en sens opposé, et qui cherche l'air et la lumière, tandis que l'autre cherche l'ombre et l'humidité. On appelle *collet* ou *nœud vital* le point de jonction de ces deux parties.

On distingue trois parties dans la tige des plantes dicotylédonées : 1° l'*enveloppe extérieure*; 2° le *corps ligneux*; 3° le *centre* ou la *médullaire*.

L'enveloppe extérieure ou écorce se compose de l'*épiderme*, des *couches corticales* et du *liber*.

Dans les plantes parfaites, l'épiderme est enduit d'une matière analogue à la cire, et qui lui aide à défendre l'écorce de la pluie et du contact de l'air. En vieillissant, il tombe tantôt en petits fragments comme dans les animaux mammifères, tantôt en grandes lames, comme chez les reptiles.

Les couches corticales sont composées de plusieurs réseaux de cellules allongées, superposées les unes sur les autres. Elles imitent assez bien une dentelle.

Le liber ou livret est placé entre le bois et les couches corticales : ses feuillets sont distincts comme ceux d'un livre, d'où lui est venu son nom. Cette partie du végétal est la plus importante de toutes, puisque c'est par elle que s'expliquent tous les phénomènes de la végétation. Le liber se métamorphose chaque année en bois et en écorce. La partie joignant le bois se lignifie et forme l'aubier; celle qui touche l'écorce devient une couche corticale. Lors de la végétation, la *seve* ou le *cambium*, liqueur épaisse, gélatineuse, suinte de l'écorce et de l'aubier, s'étend entre deux, et forme une nouvelle couche de liber qui se renouvelle tous les ans. C'est ainsi que s'explique l'accroissement des arbres.

Dans les tiges herbacées, le cambium, au lieu de former un liber, se porte dans toutes les parties de la plante pour développer les organes de la fructification;

il s'épuise en peu de temps, et à la fin de l'année se trouve entièrement converti en une substance sèche et aride qui, ne pouvant plus produire de nouveaux cambium, meurt et se dessèche.

Le corps ligneux d'un tronc d'arbre se compose de l'*aubier* et du *bois*. L'aubier est, comme nous venons de le voir, une couche de liber endurci; et de même que le liber se change en aubier, de même celui-ci se change en bois; mais il lui faut beaucoup plus de temps; aussi les couches intérieures sont-elles beaucoup plus dures et plus compactes que les extérieures.

Le bois occupe toute la partie de la tige entre l'aubier et l'étui médullaire; ses couches concentriques sont, comme dans l'aubier, d'autant plus dures qu'elles approchent davantage du centre. Chacune de ces couches en ayant une d'aubier pour origine et par conséquent une de liber, et le cambium ou sève ne formant qu'une seule couche par an, il en résulte qu'en les comptant toutes, on doit avoir l'âge d'un arbre. Le bois diffère de l'aubier par sa couleur, ordinairement plus foncée, et par sa dureté.

L'étui médullaire est un canal toujours placé au centre de la tige et contenant la moelle. La moelle est cette substance sèche et légère, composée de mailles très-fines et très-régulières. Elle est d'autant plus marquée que les arbres sont plus jeunes; et elle n'existe plus dans les vieux arbres, où elle est remplacée par un tissu ligneux. L'utilité de la moelle dans la végétation est encore inconnue.

Dans l'ognon, la moelle tapisse les parois du canal médullaire en lignes longitudinales; dans le noyer, elle est disposée par plaques; le jonc en est rempli; le sureau en a beaucoup; le buis en a très-peu.

Toutes les plantes qui ont deux feuilles séminales ou dicotylédones présentent le bois organisé tel que nous venons de l'exposer. Les plantes qui lèvent avec une seule feuille séminale ou monocotylédone ont une organisation différente. Ces plantes, plus grosses à leur collet qu'à l'extrémité de la tige, ont à leur naissance toute leur grosseur ; leur tige s'appelle stipe, et ne paraît être formée que du débris des pétioles ou feuilles qui tombent chaque année. Les *palmiers*, *dattiers*, *roseaux*, *bambous* appartiennent à ce genre. Nos parterres nous offrent, dans l'*yucca* et les *aloès*, un moyen d'étudier la formation des stipes ou tiges des monocotylédones. L'asperge naît aussi comme les aloès.

La grandeur des tiges de certaines plantes varie selon le sol et le climat. Les chênes sont grands au pied des montagnes, et petits à leur sommet. En Angleterre, les chênes s'élèvent jusqu'à cent trente pieds. Les vignes, le houblon, le rotang des Indes, plantes grêles et sarmenteuses, croissent sans fin et ont souvent d'immenses longueurs. Quelquefois la végétation est très-prompte : au jardin des plantes, à Paris, on a vu un agave croître de vingt-cinq pieds en deux mois et demi. Près d'Agen, un jeune oranger fournit en une année une canne de douze pieds de long.

La grosseur des tiges est quelquefois considérable. On a vu à Rome une yeuse de trente-cinq pieds de circonférence, dont il sortait dix tiges qui formaient une espèce de bouquet.

Pline fait mention d'un platane de Lycie, dans lequel Mucianus, consul romain, soupa et coucha avec vingt et une personnes de sa suite.

Il y a, sur le mont Etna, un châtaignier creux qui

a une grosseur telle qu'un berger et un nombreux troupeau peuvent s'y loger ; on a bâti une maison dans l'intérieur. Ce châtaignier a cent cinquante pieds de contour ; cet arbre est sur le sommet de l'Etna, à peu de distance du cratère. Les habitants du pays lui donnent un grand nombre de siècles ; il est plus âgé, selon eux, que les pyramides d'Egypte.

---

DES BOUTONS, DES BRANCHES ET DES RAMEAUX

Les *boutons* sont le berceau qui renferme les rudiments des feuilles, des fleurs et des branches, n'attendant pour se développer que le retour du cambium qui les a formés l'année précédente en perçant l'enveloppe corticale. Ils naissent ordinairement aux aisselles des feuilles et sur un rayon médullaire.

La nature, pour garantir le gemme ou bouton des intempéries des saisons, l'a entouré d'écailles sèches et scarieuses, d'une substance laineuse et d'un enduit glutineux qui le défendent contre le froid et l'humidité.

Lorsqu'un bouton est développé, il devient ce qu'on appelle un *bourgeon*, dont la forme varie selon l'espèce d'arbre : il est triangulaire dans le laurier rose, quadrangulaire dans le peuplier de Virginie, à cinq angles dans le pêcher, cylindrique dans le plus grand nombre des plantes. Une fois développé et devenu ligneux, un bourgeon prend le nom de *branche* ou de *rameau*, et sa contexture est absolument la même que celle des tiges.

## DES BULBES, BULBINES ET TUBERCULES

La *bulbe* consiste en un plateau large, plat, assez mince, horizontale, émettant les racines à sa partie inférieure, et portant, au milieu de sa partie supérieure, les rudiments des feuilles, de la hampe et des fleurs. Le tout est enveloppé de plusieurs rangs d'écailles très-larges et circulaires, ou étroites et imbriquées, formées par des feuilles avortées. Quand les écailles sont d'une seule pièce, comme dans l'ognon, on dit la bulbe *tuniquée*; si elles sont étroites et libres, comme dans le lis, la bulbe est *écailleuse*; si elles paraissent ne former qu'une seule masse charnue, comme dans la tulipe, la bulbe est *solide*.

Les *bulbiles* ne diffèrent des bulbes que parce qu'elles naissent sur différentes parties de la plante, par exemple aux aisselles des feuilles, à la bifurcation des rameaux, etc.

Les *tubercules* sont des réceptacles charnus, des collets très-développés qui émettent des bourgeons et des racines. Ce qui les distingue des bulbes solides, c'est qu'ils peuvent porter plusieurs gemmes placées à différentes parties de leur surface, comme la pomme de terre, le topinambour.

---

## LES FEUILLES

Les *feuilles*, avant leur entier développement, sont renfermées dans le bouton où elles sont pliées d'une manière déterminée par l'espèce. On les trouve roulées en crosse dans les fougères, en cornet dans les arums, plissées en éventail dans la vigne, etc. Elles sont ordinairement composées de trois parties : le *limbe*, les *nervures* et le *pétiole*.

On distingue dans les feuilles la face supérieure, ordinairement plus lisse, plus verte, plus adhérente, et la face inférieure souvent couverte de poils ou de duvet, et percée d'un grand nombre de petits trous, qui sont les orifices des vaisseaux intérieurs du végétal, par où il absorbe la nourriture qu'il doit aux fluides répandus dans l'air. Ces deux surfaces forment le limbe, qui n'est autre chose qu'un réseau résultant des diverses ramifications du pétiole, et dont les interstices ou mailles sont remplies par du tissu cellulaire ou parenchyme. Le pétiole lui-même n'est qu'un prolongement du corps caulinaire ou tige.

Les feuilles peuvent être considérées comme autant de racines aériennes qui ont la propriété de puiser dans l'atmosphère, par voie d'absorption, une partie des éléments nécessaires à l'accroissement des plantes. L'air s'introduit avec les gaz qu'il contient dans les pores ou ouvertures de la surface intérieure; le contact de la lumière le décompose, fixe le carbone et dégage l'oxigène.

Les feuilles transpirent principalement par leur face supérieure, c'est-à-dire qu'elles excrètent ou rejettent les fluides qui leur sont superflus [1]; mais elles absorbent par leur surface intérieure. Une feuille d'arbre, mise

---

[1] La transpiration des feuilles est cette humidité et ces gouttes d'eau qu'on remarque le matin sur leur surface supérieure, et qu'on croit communément être un effet de la rosée.

sur l'eau par la face intérieure, ne se flétrit pas de quinze jours, parce qu'elle absorbe ce liquide; sur la face supérieure elle se fane plus promptement.

On peut conclure de ce que nous venons de dire, que les feuilles sont une des parties essentielles au végétal, et qu'on ne peut les enlever, surtout pendant l'été, sans nuire à la plante qu'on dépouille ainsi. Pour connaître la structure d'une feuille, il faut observer celles qui, vers la fin de l'hiver, se trouvent disséquées et n'ont plus de parenchyme; on peut alors étudier facilement les nombreuses ramifications que leur a données la nature.

## ORGANES ACCESSOIRES

On nomme ainsi les organes qui ne remplissent pas des fonctions essentielles à la végétation et à la reproduction. Tels sont : les *stipules*, les *vrilles*, les *épines*, les *aiguillons*, les *glandes* et les *poils*.

Les *stipules* sont de petits appendices foliacés ou écailleux qui accompagnent les feuilles et qui sont organisés de la même manière. Leurs formes varient beaucoup : elles ressemblent à des manchettes dans le platane, elles sont entières dans les violettes, laciniées dans les pensées, en flèche dans plusieurs papilionacées. Dans les lis, les stipules sont placées quatre à quatre; elles sont solitaires dans le houx-frelon; elles sont sur le pétiole de la feuille, comme dans le figuier, ou sur la tige, comme dans le tilleul, etc.

Les *vrilles*, qui accompagnent presque toutes les tiges

grimpantes et sarmenteuses, leur servent à se soutenir contre les corps autour desquels elles s'entortillent. Elles affectent plusieurs formes toutes assez singulières.

Les *épines* sont des pointes qui sortent du bois et traversent l'écorce, comme dans l'aubépine. Ce sont des rameaux avortés, puisque la culture peut convertir les épines en rameaux, comme dans les pruniers et poiriers sauvageons. Les épines sont solitaires dans le prunier sauvage; deux à deux dans le jujubier, etc.

Les *aiguillons* diffèrent des épines en ce qu'ils ne tiennent pas au bois comme ces dernières, mais naissent de l'écorce. Ils se rapprochent beaucoup de la nature des poils dans les jeunes rosiers; ils ne durcissent qu'en vieillissant; ils sont simples ou ramifiés. Ils sont digités dans le groseiller, en pinceau dans les cierges, etc. On regarde les épines et les aiguillons comme des armes que la nature a données à certaines plantes pour repousser les attaques des animaux.

Les *glandes* sont de petits corps ou mamelons qui se trouvent ordinairement sur les tiges, les feuilles, les pétioles, et sur les fleurs de plusieurs plantes. Leur usage paraît être de sécréter des liqueurs particulières. On trouve ces petits corps sur les pruniers, abricotiers, etc. Les feuilles d'oranger, vues à contre-jour, paraissent comme criblées : ce phénomène est dû à la transparence des glandes nombreuses qui sont logées dans le parenchyme de la feuille.

Les *poils* sont de petits canaux excréteurs qui servent souvent à donner passage à la liqueur contenue dans les glandes. Si cette liqueur est âcre et corrosive, on éprouve un sentiment douloureux en touchant les poils; c'est ce qui arrive dans l'ortie. Les poils qui ne reposent pas sur des glandes servent à l'absorption des plantes. On appelle les poils : *soie, duvet, coton* ou *laine*, selon qu'ils sont plus doux, plus serrés ou plus longs. L'extrémité des poils est quelquefois ramifiée ; ils affectent aussi des dispositions très-particulières, comme dans le mouron des oiseaux. Cette plante n'a qu'un rang de poils qui alternent d'un nœud à l'autre ; c'est-à-dire au point inférieur il est à gauche, au point supérieur à droite, et ainsi de suite.

---

## LA FLEUR

La *fleur* est cette partie des végétaux formée des organes fructificateurs unis ou séparés. Cinq parties constituent la fleur, savoir : le *réceptacle*, le *calice*, la *corolle* (et quelquefois la *nectaire*, qui en est une dépendance), les *étamines* et le *pistil*. La fleur est complète quand tous ces organes se trouvent réunis ; elle est incomplète quand quelques-uns manquent.

On appelle réceptacle la sommité évasée du pédoncule, sur laquelle repose immédiatement la fleur et le fruit. Sa forme varie beaucoup : il est convexe dans le chardon, concave dans l'artichaut, plane dans le grand soleil. Il est propre s'il ne porte qu'une seule fleur, comme la rose ; commun s'il en porte plusieurs, comme la marguerite.

Le calice est l'enveloppe extérieure de la fleur ; c'est un prolongement de l'écorce, et qui se voit dans la rose et la pivoine. Cette enveloppe, souvent verte et quelquefois colorée, double l'espèce de rempart que la corolle forme autour des parties faibles et délicates de la fructification. Le calice est simple quand il n'a qu'un rang de folioles (la paquerette); il est double quand il a deux rangs (la mauve, le pissenlit); il est imbriqué lorsqu'il est formé de plusieurs pièces qui sont disposées comme les tuiles d'un toit (le bluet, l'artichaut); il est caduc lorsqu'il tombe quand la fleur s'épanouit (le pavot); il est persistant lorsqu'il accompagne le fruit (l'œillet); il est supère quand il est placé sur l'ovaire (le groseiller); infère quand il est sous l'ovaire (la pivoine, le pavot); il est coloré dans la grenade, vésiculeux dans l'alkekenge, etc.

La corolle est cette partie de la fleur la plus apparente, ordinairement colorée, brillante et souvent odorante; elle est d'un tissu très-fin et enveloppe immédiatement les parties essentielles à la fructification. On croit que la corolle n'est qu'un prolongement du liber et qu'elle a la même organisation que lui. A la lumière comme à l'obscurité, la corolle exhale du gaz acide-carbonique; c'est ce qui explique pourquoi l'odeur des fleurs est quelquefois si dangereuse.

Le nom de nectaire a été donné à diverses parties de la fleur qui paraissaient dépendre de la corolle. On en compte cinq dans l'ancolie, deux dans l'aconit. Le nectaire a la forme d'un éperon dans le pied d'alouette; il forme des écailles dans la renoncule, une couronne à la corolle du narcisse, etc.

L'étamine est, comme nous l'avons dit page 24, composée ordinairement de trois parties : le *filet*, l'*anthère*, et la poussière nommée *pollen*. Toutes les plantes connues ont des étamines, à l'exception des cryptogames.

Le pistil est un corps diversement conformé qui existe au centre de la fleur ; il est composé ordinairement de trois parties, qui sont l'*ovaire*, le *style* et le *stigmate*. Le pistil est souvent unique dans une fleur ; quelquefois il y en a plusieurs.

L'ovaire contient les graines ; et la graine étant l'œuf végétal, les savants ont donné le nom de fleurs *femelles* à celles qui portent l'œuf ; par analogie, ils ont appelé fleurs *mâles* celles qui, n'ayant point d'ovaire, ne peuvent porter de graines (*voyez* page 15). Ces distinctions servent de base au système botanique de Linnée ; elles entrent aussi dans les autres systèmes des autres botanistes. Cette prétendue distinction de sexes est commode pour classer les plantes ; mais le peuple, ne trouvant pas l'analogie très-marquée, appelle ortie mâle et chanvre mâle, l'ortie et le chanvre qui portent la graine.

## LE FRUIT

Lorsque la fructification est opérée, diverses parties de la fleur, comme le calice, les pétales, les étamines, le style, se dessèchent et tombent ; l'ovaire seul reste, continue à se développer, à grossir ; alors, selon l'expression du cultivateur, le fruit se noue, il parvient avec le temps à sa perfection, et la reproduction de l'espèce est assurée.

Le fruit se compose du péricarpe et de la graine. On appelle péricarpe l'enveloppe des graines formée par les parois de l'ovaire ; toutes les graines en ont un, mais quelquefois si mince qu'à peine on le distingue ; par exemple, dans les labiées, les graminées, etc. Dans tous les fruits, le péricarpe est composé : 1° de l'*épicarpe*, membrane mince qui forme l'enveloppe la plus extérieure d'un fruit ; c'est ce que nous appelons la peau d'une pomme ou d'une pêche ; 2° de l'*endocarpe*, membrane intérieure qui revêt la cavité séminifère ; elle est molle dans la poire, sèche et coriace dans la pomme ; 3° enfin du *sarcocarpe*, partie charnue qui se trouve interposée entre l'épicarpe et l'endocarpe ; c'est ce qui se mange dans la pomme, la poire, etc.

La graine est cette partie du fruit renfermée dans le péricarpe, mais qui n'est pas lui. Ainsi, dans une pêche, on la trouve renfermée dans un noyau osseux, dont la partie ligneuse est formée par l'endurcissement de l'endocarpe ; dans la pomme, elle se trouve renfermée dans le pépin ; dans un haricot, on la trouve dans une gousse, etc.

La graine a deux parties principales : l'*épisperme* et l'*amande*. L'épisperme est une espèce de sac, quelquefois simple, quelquefois composé de deux membranes.

L'amande est toute la partie de la graine contenue dans l'épisperme ; elle se compose du *germe* ou *embryon* et de l'*épisperme* ou *albumen*. L'albumen est quelquefois dur, d'autres fois mou et farineux ; quelquefois aussi il n'existe pas ; il paraît destiné à nourrir l'embryon, et se décompose en effet lorsque celui-ci germe et se développe. L'embryon à lui seul constitue la graine ; c'est l'abrégé de la plante ; mais s'il manque, il n'y a pas de graine et par conséquent pas de reproduction.

## VIE DES VÉGÉTAUX

Dans les végétaux comme dans les animaux, on appelle vie ce principe du mouvement et des sensations qu'on remarque en eux ; tant qu'il existe, la plante ou l'animal croît, se développe, acquiert sa force et sa beauté; vient-il à cesser, l'animal ou la plante meurt sans rien laisser de son être.

Les principaux phénomènes qui se rattachent à la vie des végétaux sont : l'*irritabilité*, l'*absorption*, la *circulation* et la *déperdition*.

L'irritabilité des plantes est la cause de la contraction et du mouvement. Si l'on coupe la tige d'une plante laiteuse, on voit aussitôt la plaie se couvrir de suc propre, et cet écoulement s'opérer d'une égale manière dans les deux parties de la tige, soit qu'on les baisse ou qu'on les élève; ce qui ne pourrait avoir lieu sans le secours de la contraction. Il est à remarquer aussi que la contraction des végétaux est absolument analogue à celle des animaux; les stimulants qui agissent sur les uns agissent sur les autres, et une hémorragie peut être arrêtée dans les uns comme dans les autres au moyen des mêmes astringents.

La contraction est la cause première du mouvement spontané des plantes, soit que ce mouvement soit occasionné par une cause extérieure, comme dans la sensitive; soit qu'il résulte d'une cause intérieure et inconnue, comme dans les étamines de la parnassie, les folioles de l'hédysarum gyrans, espèce de sainfoin. Le professeur Desfontaines, qui a observé attentivement cette dernière plante, a compté jusqu'à cinquante oscillations de ses folioles dans l'espace d'une minute; ce qui égale presque la vitesse du pouls.

La sensitive est si sensible, que l'ombre d'un individu qui passe, la présence d'un nuage, une commotion électrique la mettent en mouvement; elle est, ainsi que l'homme, sujette aux influences délétères des poisons narcotiques. Un simple contact, une secousse, la chaleur, le froid, une goutte de liqueur acide ou alcaline, enfin tous les agents chimiques, ont une action plus ou moins prononcée sur elle.

La dionée attrape-mouches offre un autre genre d'irritabilité. Ses feuilles sont composées de deux lobes réunis par une charnière qui règne le long de la tige du milieu. Si un insecte touche la surface supérieure de ses lobes, ils se rapprochent, saisissent l'animal, et ne le lâchent que lorsqu'il est mort percé par les aiguillons dont les feuilles sont hérissées.

Les étamines de la rue et de l'épine-vinette sont tellement irritables, que si on les touche à la base avec la pointe d'une épingle, elles se rapprochent brusquement du pistil.

L'extrémité des feuilles des népenthès figure un vase muni de son couvercle. Le vase se remplit d'une liqueur qui suinte de ses parois, et le couvercle tantôt s'ouvre, tantôt se ferme, selon que le temps se met au beau ou à la pluie.

Un grand nombre de plantes contractent leurs feuilles pendant la nuit de diverses manières; c'est à ce singulier phénomène que Linnée a donné le nom de *sommeil des plantes*. Les folioles de l'acacia s'abaissent à l'approche de la nuit, et restent pendantes jusqu'au point du jour qu'elles se redressent. Le baguenaudier, au contraire, élève ses feuilles pendant la nuit et les incline durant le jour. Pendant l'obscurité, le pétiole principal des feuilles de l'acacia pudique s'incline sur sa tige, les pétioles secondaires se rapprochent, et les folioles s'appliquent les unes sur les autres, comme les tuiles d'un toit, en dirigeant leur pointe vers le ciel. La plupart des plantes légumineuses sommeillent pendant la nuit et contractent leurs feuilles de diverses manières.

Quelques plantes sont hygrométriques et se ferment à l'approche de la pluie. Le souci d'Afrique ouvre sa corolle à sept heures du matin, si le jour doit être serein ; si elle ne s'ouvre pas, c'est signe de pluie. Si, au contraire, le laiteron de Sibérie ouvre sa corolle, le jour sera pluvieux ; si elle se ferme pendant la nuit, le jour suivant doit être sans pluie. A l'approche des tempêtes ou des pluies d'orage, les feuilles du datura se renversent sur leur support ; la robinie et le triolet abaissent leurs feuilles, etc.

Quelques fleurs ouvrent et ferment leur corolle à certaines heures déterminées ; c'est ce qui donna à Linnée l'idée de dresser un tableau auquel il donna le nom d'*horloge de Flore*. Nous allons, d'après ce tableau, indiquer les différentes heures du jour, en faisant remarquer cependant que Linnée habitant Upsal, sous le 60ᵉ degré de latitude boréale, il s'ensuit qu'il doit y avoir une heure de différence entre l'épanouissement des mêmes fleurs à Paris.

Le matin de 4 à 5 h. le salsifis des prés s'épanouit.
　　　　　de 5 à 6 h. l'hémérocalle fauve　id.
　　　　　de 6 à 7 h. la crépide rouge　id.
　　　　　de 7 à 8 h. le souci d'Afrique　id.
　　　　　de 8 à 9 h. le souci des champs　id.
　　　　　de 9 à 10 h. la sabline rouge　id.
　　　　　de 10 à 11 h. le mesembryanthemum de Sicile id.
　　　　　de 11 à 12 h. la dame d'onze heures　id.
　　　　　de 12 à 1 h. la grande picride ferme sa corolle.
Le soir de 1 à 2 h. l'œillet prolifère　id.
　　　　　de 2 à 3 h. l'épervière des murs　id.
　　　　　de 3 à 4 h. l'épervière rouge　id.
　　　　　de 4 à 5 h. la porcelie des prés　id.
　　　　　de 5 à 6 h. le nénuphar blanc　id.
　　　　　de 6 à 7 h. le géranium triste s'épanouit.
　　　　　de 7 à 8 h. le grand convolvulus ferme sa corolle.
　　　　　de 8 à 9 h. le cornouiller de nuit　id.
　　　　　de 9 à 10 h. la belle de nuit　id.
　　　　　de 10 à 11 h. le géranium triste　id.
　　　　　à minuit　le cactus à grande fleur id.

Cette horloge ne peut pas avoir sans doute la même justesse que nos pendules et nos cadrans solaires, les fleurs étant soumises aux influences atmosphériques; cependant quelques cultivateurs ont vu leurs soins couronnés de succès et ont pu offrir à leurs amis une séance d'un intérêt aussi vif qu'amusant. Dans les environs de Paris, un ami de la botanique est parvenu à dresser une horloge végétale qui indiquait les heures à quelques minutes près.

　　　Je vois avec plaisir cette horloge vivante :
　　　Ce n'est plus ce contour où l'aiguille agissante
　　　Chemine tristement le long d'un triste mur ;
　　　C'est un cadran semé d'or, de pourpre et d'azur,

> Où d'un air plus riant, en robe diaprée,
> Les filles du printemps mesurent sa durée,
> Et nous marquant les jours, les heures, les instants,
> Dans un cercle de fleurs ont enchaîné le temps.

Chaque espèce de plante fleurit à une époque déterminée de l'année; époque qui ne peut guère varier que de quelques jours, selon que la saison a été plus ou moins favorable à la végétation. M. Lamarck, en conséquence de cette observation, a dressé un tableau qu'il a nommé *calendrier de Flore*. Le voici en abrégé :

Janvier : l'ellébore noir.

Février : le bois gentil, la perce-neige.

Mars : le safran du printemps, la soldanelle des Alpes.

Avril : la cardamine des prés, la saxifrage granulée.

Mai : le syringa ordinaire, la filipendule, le muguet de mai.

Juin : le pied d'alouette, le bluet, le coquelicot.

Juillet : la salicaire, le houblon, l'hysope officinale.

Aout : la parnassie des prés, la balsamine des jardins, la scabieuse, le mors-du-diable.

Septembre : le colchique d'automne, le safran cultivé, l'amaryllis jaune.

Octobre : l'aster à grandes fleurs, le topinambour, l'hypéricum de Chine.

Novembre : la ximénèse.

Décembre : le fragon aiguillonné.

Nous venons de voir combien les végétaux sont parfois sensibles ou irritables, examinons maintenant ce qu'on entend par absorption.

L'eau tient en dissolution une certaine quantité d'oxides, de sels, de matières animales et végétales ; les racines absorbent avec l'eau toutes ces substances; elles sont charriées par la sève dans le tissu organique, où une partie s'assimile avec les principes de la plante, et une autre s'échappe par la transpiration. Les plantes absorbent les fluides dont elles se nourrissent, par une opération que l'on nomme *succion*, et qui paraît avoir une force prodigieuse, principalement dans les racines et les feuilles.

Nous citerons à ce sujet quelques-unes des expériences de Halès, botaniste et physicien. Ayant arraché, au mois d'août, un jeune poirier qui pesait soixante et onze livres et demie, il en plongea la racine dans une quantité d'eau connue; elle en tira quinze livres en dix heures et transpira dans le même temps quinze livres et demie. Il cueillit une grosse pomme avec un rameau de deux pouces de long et douze feuilles qui y étaient attachées; il mit le rameau dans l'eau, et observa qu'il tira et transpira dans trois jours trois quarts d'once. A la suite de ses autres expériences, il remarqua qu'une pomme n'absorbe pas plus que deux feuilles. Ayant mis dans l'eau deux tiges de houblon, l'une avec ses feuilles et l'autre effeuillée, il se trouva que la première avait tiré quatre onces en douze heures tandis que la seconde ne tira que trois quarts d'once.

Ayant versé au pied d'un pommier-reinette une pinte d'alcool camphré, l'arbre tira en trois heures cette liqueur. Une partie de l'arbre en mourut; l'odeur du camphre était très-prononcée dans les pétioles des feuilles et dans les rameaux, mais le goût des pommes ne fut pas altéré. La même expérience répétée sur un cep de vigne et avec de l'eau de fleur d'oranger eut le même résultat; l'odeur ne pénétra pas dans les raisins, mais elle était sensible dans le bois et les feuilles.

Les arbres et les plantes, en général, peuvent être considérés comme autant de siphons qui tirent de la terre une énorme quantité d'eau qu'ils versent ensuite dans l'atmosphère par la transpiration de leurs feuilles. Ils tempèrent les chaleurs de l'été, diminuent le froid de l'hiver; ils réparent constamment l'*humus* ou terre végétale par leur *détritus*; enfin ils exercent une attraction électrique sur les nuages, les fixent sur leur sommet et les forcent d'y verser leurs eaux. Si l'on veut dessécher un pays, il n'y a qu'à abattre les arbres; et si l'on veut au contraire diminuer la sécheresse, il n'y a qu'à planter des forêts.

Quelques naturalistes ont cru que la sève circulait dans les plantes comme le sang dans les animaux; mais c'est une erreur. Ce liquide n'a qu'une sorte de balancement d'ascension et de descente, causé par le chaud ou le froid de l'atmosphère, le plus ou moins de sécheresse dans l'air; il est poussé en tous sens par le végétal, ce qui n'arriverait pas s'il y avait une véritable circulation. Les fluides absorbés par les racines ou par les feuilles sont charriées par les gros vaisseaux qui sont près de l'étui médullaire et de là se répandent à la circonférence.

Il y a trois sortes de déperditions dans les plantes : 1° les *déjections*, 2° l'*expiration*, et 3° la *transpiration*, dont les trois produits réunis sont égaux à celui de l'absorption, comme nous venons de le voir.

Les déjections consistent en des sucs plus ou moins épais, des *résines*, des *huiles*, de la *manne*, du *sucre*, de la *gomme*, de la *cire*, du *baume*, etc., rejetés au dehors par la force de la végétation.

L'expiration est ce que plusieurs auteurs appellent la respiration des plantes. L'expiration se compose de gaz acide carbonique et d'oxigène, et s'opère par l'effet de la lumière.

La transpiration est formée par une certaine quantité d'eau réduite en vapeur, et qu'on aperçoit le matin sur les feuilles de certaines plantes. Il est prouvé, d'après diverses expériences, qu'une plante (le grand soleil des jardins), à masse égale et en temps égaux, transpire dix-sept fois plus qu'un homme.

## PROPAGATION DES VÉGÉTAUX

Les végétaux se multiplient et se perpétuent de différentes manières : par *boutures*, par la *greffe*, etc., et principalement par *graines*.

La bouture est une partie du végétal détachée et placée dans des circonstances favorables pour émettre des gemmes et des racines. Toute portion d'une plante, racine, tige, pédoncule, pétiole, feuille, peut reproduire un individu entier de son espèce, pourvu qu'elle contienne du cambium et qu'elle soit traitée favorablement.

La greffe n'est autre chose qu'une bouture croissant, à la manière des plantes parasites, sur un autre végétal dont elle s'approprie les sucs nourriciers.

## MORT DES VÉGÉTAUX

Dans les végétaux, la mort n'est que la cessation de la force vitale qui donnait à la plante du mouvement et de la vie; elle peut arriver par des maladies ou par la vieillesse, et nous ne nous occuperons ici que de cette dernière cause.

Dans les plantes herbacées, le cambium ne se renouvelle pas, il s'épuise dans le cours d'une seule végétation; les vaisseaux nourriciers s'engorgent, perdent leur souplesse; l'irritabilité cesse, ainsi que l'absorption; de là plus de nutrition et la mort. C'est ce qu'on appelle *mort de vieillesse*.

Dans les plantes ligneuses, la mort de vieillesse est plus difficile à expliquer, parce que la vie des arbres est entretenue par la couche de cambium qui, chaque année, augmente la force du bois, et que rien ne semble devoir déranger l'ordre de la nature; aussi la plupart des botanistes croient-ils que la mort des plantes ligneuses doit toujours être attribuée à quelques causes accidentelles.

Les grands arbres sont en général doués par la nature d'une longue vie, et l'on dirait qu'ils sont pour elle un objet de prédilection. On prétend que leur longévité est proportionnée à leur accroissement plus ou moins rapide. Aussi, le peuplier, le saule, le pin, qui ne vivent pas longtemps, croissent très-vite, tandis que le chêne, l'orme, le cèdre, qui vivent des siècles, se développent très-lentement.

La vie moyenne d'un chêne de nos contrées est de cinq à six cents ans; celle de l'olivier de trois cents ans, etc. Parmi les arbres fameux dans l'histoire, on cite un châtaignier qui fut planté dans la commune de Prévéranges, département du Cher, lorsque Calvin prêchait sa réforme aux habitants du pays. — On voit dans le cimetière d'Allonville, village de Normandie, un chêne qui a trente pieds de tour près du sol et neuf cents ans d'existence. Un ermite a bâti sa cellule dans l'intérieur du tronc, et cette cellule est surmontée d'un petit clocher. On a également ménagé, dans l'épaisseur du bois, un petit oratoire dédié à Notre-Dame.

Un sapin qui s'élève sur une des pentes méridionales du mont Blanc a, dit-on, douze cents ans d'existence.

Dans les Indes, où le figuier est un arbre sacré, on en voit un, dans le Guzzerat, qui a deux mille pieds de circonférence ; et les naturels assurent que cet arbre immense existe depuis trente siècles [1].

Le fameux naturaliste Adanson affirme avoir vu aux îles du cap Vert des baobabs qui avaient quatre-vingt-dix pieds de circonférence, et dont l'âge, d'après ses diverses observations, a été calculé par lui à près de six mille ans.

[1] Note tirée des *Phénomènes de la nature*, par de Marlès.

# PHYTHÉROSIE

La phytothérosie est, comme nous l'avons déjà dit, cette partie de la physique végétale qui a pour objet la connaissance des altérations des végétaux. On la divise en plusieurs parties ; mais nous allons nous borner à quelques notions.

Comme dans les animaux, les maladies des plantes sont *générales* quand elles affectent à la fois tout le système organique ; elles sont *locales* quand elles n'affectent qu'une partie de la plante. Dans ces deux cas elles peuvent être *constitutionnelles*, c'est-à-dire existantes depuis le premier développement de l'embryon, ou *accidentelles* et produites par une cause survenue depuis la germination.

Toute maladie constitutionnelle peut se transmettre par les graines, au moins dans un grand nombre de plantes ; c'est pourquoi l'on obtient des fleurs doubles par la voie des semis. Toute maladie accidentelle ne peut se transmettre par les graines, et c'est pour cela que par le semis des pépins d'une très-bonne poire on n'obtient pour l'ordinaire que des fruits sauvages.

Les maladies sont *endémiques*, quand elles sont particulières à certaines races ou certaines familles ; *sporadiques*, quand elles attaquent indifféremment telle ou telle espèce ; *épidémiques*, lorsqu'elles attaquent tout d'un coup un grand nombre d'individus dans une même contrée; *contagieuses*, lorsqu'elles se communiquent d'un individu à un autre.

La première cause des maladies doit être attribuée à la nature du sol dans lequel les plantes croissent. S'il est très-maigre, elles n'y trouvent pas une nourriture suffisante et se développent mal; elles atteignent rapidement cette première période de désorganisation annonçant la vieillesse. Si au contraire le sol est trop gras, s'il contient une trop grande quantité de détritus animaux, les plantes bulbeuses périssent, et les autres y fournissent une végétation trop vigoureuse au détriment de la fructification. L'eau est la seconde cause générale de l'altération des végétaux : si les pluies sont trop abondantes, l'eau remplit les vaisseaux *séveux*, le végétal s'étiole et languit, les feuilles jaunissent; les fruits n'ont aucune saveur, les graines ne mûrissent pas, les racines se pourrissent et entraînent l'individu dans leur perte.

Beaucoup d'autres causes viennent se joindre à celles-ci, ou agissent seules : telles sont la chaleur excessive, le froid, une lumière trop vive, les odeurs méphitiques, etc.

Sans entrer dans la nomenclature scientifique que nous ont laissée quelques auteurs sur le nom et les différentes qualifications des maladies qui attaquent les végétaux, nous allons essayer d'en faire connaître quelques-unes.

BLESSURES. — Les lésions externes que peuvent éprouver les végétaux sont à peu près les mêmes que chez les animaux; les plantes, et surtout les arbres, peuvent souffrir d'une coupure, d'une écorchure, d'un ulcère, de la perte de quelques parties. Dans ces divers accidents il faut appliquer des remèdes : pour les simples blessures, on lave la partie et on la couvre; dans les ulcères, il y a ordinairement amputation si l'on veut guérir l'arbre; mais si l'on tire partie de l'écoulement de la plaie, comme lorsqu'on recueille la gomme, les résines, etc., alors on augmente le mal au lieu d'y remédier, et le pauvre végétal devient un instrument de commerce.

HÉMORRAGIES. — Les plantes ont des hémorragies occasionnées quelquefois par des blessures et quelquefois aussi naturelles. Chaque année nous entendons dire autour de nous : *la vigne pleure;* c'est un écoulement accidentel, une sorte de maladie qui annonce toujours une désorganisation au moins momentanée.

FAIBLESSE. — Comme nous, les plantes quelquefois tombent en faiblesse; leurs tiges se penchent, leurs feuilles jaunissent, la plante entière semble près de mourir. Si l'on vient à leur secours, qu'on cherche à connaître la cause du mal, on découvre souvent que c'est faute d'air, manque d'eau, trop de soleil, ou quelque insecte malfaisant qui attaque la plante; remédiez au mal promptement, la plante reprend son éclat et sa fraîcheur naturelle; ce n'était qu'un évanouissement.

LÉTHARGIE. — Une sorte de léthargie attaque quelquefois certaines plantes; après avoir végété, donné des fleurs ou des fruits, elles s'arrêtent tout à coup, et l'on ne voit plus en elles aucun signe de végétation. J'ai cultivé moi-même une plante (un violier) qui pendant une année entière ne donna pas signe de vie.

Je fus vingt fois sur le point de l'arracher; mais l'ayant enfin laissée par oubli plutôt que par commisération, je la retrouvai l'année suivante couverte de fleurs et en pleine vigueur.

PHTHISIE OU LANGUEUR. — On donne ce nom à une maladie mortelle qui attaque bien souvent les hommes dans leur jeunesse : c'est un état accablant pendant la durée duquel l'individu malade pâlit, perd ses forces, ne prend plus de nourriture; son caractère change aussi bien que son extérieur; enfin il languit plus ou moins et meurt. Cette cruelle maladie peut avoir diverses causes, telles que : un climat contraire au tempérament, un excès de travail, une croissance trop rapide, etc. Or cette maladie avec toutes ses causes et ses suites peut affecter et affecte souvent les végétaux; et nous sommes fréquemment les premiers moteurs des causes malfaisantes qui hâtent leur destruction. Le carde-artichaut, le céleri et la chicorée, que nous servons sur nos tables, n'y paraissent délicieux que lorsqu'ils ont atteint le dernier degré de la phthisie.

VERS. — Beaucoup de plantes sont attaquées par les vers qui se logent dans les fruits, les fleurs et les feuilles; et c'est une vraie maladie pour elles. Nous en éprouvons et les avantages et les inconvénients. La difformité des feuilles roulées ou recoquillées, une espèce de gale qui les couvre, nous déplaît; nous aimons encore moins les fruits verreux qui, sous une belle apparence, cachent un petit insecte dégoûtant et malpropre; mais la cochenille, le kermès et la noix de galle [1]

---

[1] La cochenille, le kermès et la noix de galle sont dus à des insectes qui piquent les feuilles et s'y logent

sont des productions rares et d'un grand prix qui font trouver grâce à leurs auteurs.

**CHARBON.** — On qualifie de ce nom une maladie qui chez les animaux dénature le sang, le corrompt et amène la mort; dans les végétaux elle a des effets différents, et ce sont spécialement les fruits qui en sont attaqués, surtout chez les graminées. Au lieu du parenchyme ou fécule nourrissante que le grain de blé présente lorsque la plante est saine, on ne trouve quelquefois qu'une poussière noire; c'est ce qu'on appelle charbon. Le pain fait avec du blé charbonné n'est pas dangereux; mais il est altéré sous le rapport de la couleur, et le pain paraît très-bis.

**TACHES.** — Le luxe introduit dans nos jardins fait rechercher certaines plantes panachées qu'on y admire comme de curieuses productions de la nature; mais l'expérience a découvert qu'elles ne doivent souvent cet agrément de leurs feuilles ou de leurs fleurs qu'à une cause secrète de maladie qui attaque la plante.

**GALE, LÈPRE, GANGRÈNE.** — Ces vilains noms se donnent à des maladies moins hideuses chez les végétaux que chez les animaux. La première se rencontre fréquemment; ce sont de petites excroissances, une sorte de rugosités, qui attaquent le végétal en quelqu'une de ses parties; les plus souvent galeuses sont les feuilles et les fruits. La lèpre végétale n'est due qu'à des végétaux parasites qui, dans certains terrains, s'implantent sur quelques plantes. Les lichens et les mousses de différentes espèces constituent ce qu'on appelle lèpre. La gangrène, chez les végétaux comme dans les animaux, est une décomposition du fluide primitif et occasionne nécessairement la mort. Bonnes gens des champs, nous appelons pourriture ce que la science désigne sous le nom de gangrène.

SUFFOCATION. — Dans un bois, dans un bosquet, dans un parterre même, quelques végétaux réussissent et croissent avec rapidité, tandis que d'autres sont étouffés et meurent faute d'air libre pour la respiration.

RAGE. — Maladie particulière au pois-chiche, qui rend ses feuilles crépues.

EXCROISSANCE. — Il y a des excroissances de diverses sortes : la galle du lierre terrestre, le bédégar du rosier, les folioles charnues qui croissent sur quelques feuilles, méritent ce nom; on le donne aussi à l'ergot, maladie propre au seigle. C'est un grain de l'épi qui prend une croissance extraordinaire et nous paraît en rapport, pour la forme, a un ergot de poulet, d'où lui est venu son nom. Cette espèce de grain monstrueux pour la forme, d'une couleur brune, d'une nature cassante, produit une farine blanchâtre qui est un des poisons végétaux les plus dangereux. Les symptômes qu'éprouvent les personnes qui en ont malheureusement fait usage sont terribles. En cas d'empoisonnement par le seigle ergoté, on recommande le même traitement que dans le cas d'empoisonnement par la belladone.

DIFFORMITÉS. — Cette maladie peut attaquer toutes les parties d'un végétal; mais nous la remarquons principalement dans les tiges des arbres, nouées, contournées, bossues, de travers, etc. La difformité des plantes peut quelquefois provenir d'un accident, tel que contusion, secousse, amputation, fracture, etc.; quelquefois aussi elle paraît être naturelle et provenir de la qualité de l'arbre. Ainsi le coignassier est rarement droit, et nous représente assez bien cette classe malheureuse qui peuple certaines villes, et qui est dégradée dans sa taille et ses formes.

MONSTRUOSITÉS. — Le seul nom de monstre effraie l'imagination; mais ceux dont je veux parler ne peuvent produire cet effet; ce sont, il est vrai, des objets contre nature qui, ayant une grandeur ou des proportions démesurées, ne sont plus comptés au nombre des végétaux productifs; mais quelle aimable monstre qu'une rose à cent feuilles! Les botanistes donnent le nom de monstre à toutes ces fleurs doubles, c'est-à-dire à celles dont les étamines sont devenues des pétales; nous ne cultivons presque que celles-ci dans nos jardins, aussi pouvons-nous assez difficilement y étudier ce que la botanique offre d'intéressant, et c'est dans les champs qu'il faut aller pour cela. Parmi les monstruosités végétales, nous avons cité les fleurs doubles; joignons-y encore celles qu'on nomme prolifères, c'est-à-dire qui portent deux fleurs l'une dans l'autre. Une espèce de gros œillet est sujette à cette belle maladie.

Nous pourrions citer encore un grand nombre d'autres maladies accordées aux plantes, et cet article de notre botanique ne serait pas le moins intéressant; mais je trace des notes et je m'arrête ici. Mes lectrices, pour tous les détails qu'elles pourront désirer à ce sujet, consulteront leurs maîtresses ou les auteurs que j'ai indiqués (page 9).

# TAXONOMIE

Nous allons indiquer, dans cette dernière division de la première partie, les principaux systèmes de classification qui ont paru jusqu'à nos jours. Il parait que de tous temps il y a eu des amateurs de la nature qui ont étudié les fleurs, et qui ont cherché à les classer selon leurs espèces, ou plutôt selon le caprice de l'imagination. Si l'on en croit l'histoire, Aristote essaya le premier de diviser les plantes selon les diverses analogies qu'il crut remarquer en elles ; mais son système, faux sans doute, s'est perdu avec le temps ; un de ses disciples, Théophraste, en créa un autre qui eut le même sort ; et beaucoup d'autres savants qui les ont suivis n'ont pas été plus heureux.

En 1588, Porto, naturaliste, eut l'idée bizarre de trouver dans les plantes des rapports avec l'homme, les animaux et les astres, et les divisa d'après cette considération. Dans son système, les plantes qui avaient quelques parties semblables à celles des humains, devaient être propres à guérir ces mêmes parties blessées et souffrantes : ainsi la pulmonaire, dont la feuille est tachée comme le poumon d'une personne malade de la poitrine, était un remède pour cette maladie. La valériane, dont les feuilles sont cordiformes, devait guérir les maux de cœur, etc. C'est une erreur de déterminer la qualité des plantes sur d'aussi faibles raisons; cependant, d'après ce système et en quelques lieux, on a, comme tradition authentique, conservé encore à quelques plantes des propriétés qui méritent à peine d'être citées. Ce système ne s'est pas plus perpétué que ceux qui l'avaient précédé, et maintenant tous les botanistes se bornent à en étudier trois que nous allons exposer.

Celui de Joseph Pitton de Tournefort (1694), fondé sur la durée des plantes, l'absence ou la présence d'une corolle : c'est ce qu'on appelle *Méthode de Tournefort*.

Celui de Linnée (1707), basé sur la considération du nombre, des proportions, de l'absence des étamines, etc.

Celui de Jussieu (1778), qu'on appelle aussi *Méthode naturelle*, établi sur le nombre des cotylédons, la considération des étamines et des pistils, la présence ou l'absence d'une corolle, sur le nombre de pétales et sur leurs positions.

# TABLEAU SYNOPTIQUE DE LA MÉTHODE DE TOURNEFORT

| FLEURS | | | | | CLASSES. | N° |
|---|---|---|---|---|---|---|
| d'herbes | simples | pétalées | monopétales | régulières | campaniformes. infundibuliformes. | 1, 2 |
| | | | | irrégulières | personnées. labiées. | 3, 4 |
| | | | polypétales | régulières | cruciformes. rosacées. ombellifères. caryophyllées. liliacées. | 5, 6, 7, 8, 9 |
| | | | | irrégulières | papillonacées. anomales. | 10, 11 |
| | composées | | | | flosculeuses. semi-flosculeuses. radiées. | 12, 13, 14 |
| | | apétales | | | à étamines. sans fleurs. sans fleurs ni fruits. | 15, 16, 17 |
| d'arbres | | apétales | | | apétales. amentacées. | 18, 19 |
| | | pétalées | monopétales | régulières | monopétales. | 20 |
| | | | polypétales | irrégulières | rosacées. papillonacées. | 21, 22 |

## EXPLICATION DE LA MÉTHODE.

*La première classe* des herbes à fleurs simples monopétales, se divise en neuf sections ou ordres établis sur la différence de fructification :

Le 1er comprend les fleurs dont le pistil se change en un gros fruit mou (la belladone);

Le 2e, celles dont le fruit est une baie petite et molle (le muguet);

Le 3e, celles dont le fruit est une capsule sèche à une ou plusieurs loges (le liseron);

Le 4e, celles dont le pistil se convertit en une seule semence (le rhapontic);

Le 5e, celles dont le pistil se convertit en un fruit en graine (l'apocyn);

Le 6e, celles dont les étamines s'élèvent en forme de tuyau et multicolore (la mauve);

Le 7e, celles en bassin, dont le fruit se convertit en gros fruit charnu (le melon);

Le 8e, celles en cloche dont le pistil devient un fruit sec (la raiponce);

Le 9e, celles en godet dont le calice devient un fruit à deux parties adhérentes (le grateron).

*La deuxième classe*, des infundibuliformes, ou fleurs en forme d'entonnoir, se divise en huit ordres fondés sur la considération du fruit:

Le 1er ordre comprend les fleurs dont le pistil devient le fruit (nicotiane ou tabac);

Le 2e, celles en soucoupe ou en rosette dont le pistil devient le fruit (primevère);

Le 3e, celles en entonnoir dont le calice devient le fruit ou lui sert d'enveloppe (belle de nuit);

Le 4e, celles en entonnoir, en bassin ou en molette dont le pistil se partage en quatre semences (bourrache);

Le 5e, celles en entonnoir dont le pistil se change en une seule semence régulière (dentelaire);

Le 6e, celles en rosette dont le pistil devient un fruit dur et sec (mouron);

Le 7e, celles dont le pistil deviet un fruit mou et charnu (morelle);

Le 8e, celles dont le calice devient le fruit (pimprenelle).

*La troisième classe*, fleurs en masques ou personnées, se divise en cinq ordres fondés sur la forme de la corolle:

Le 1er comprend les fleurs dont la corolle est régulièrement coupée (arum);

Le 2e, celles dont la corolle est irrégulière et dont le calice devient capsule (aristoloche) ;

Le 3e, celles à tube irrégulier très-ouvert (digitale, catalpa) ;

Le 4e, celles à tube irrégulier ouvert dans le fond, en mufle au sommet (muflier) ;

Le 5e, celles dont la base est terminée par un anneau (acanthe).

*La quatrième classe,* des labiées ou fleurs en lèvres, renferme quatre ordres fondés sur la forme ou l'absence de la lèvre supérieure :

Le 1er ordre comprend les fleurs dont la lèvre supérieure ressemble à un casque ou à une faucille (sauge, etc.) ;

Le 2e, celles dont la lèvre supérieure est crensée (ortie blanche) ;

Le 3e, celles dont la lèvre supérieure est tout à fait droite (romarin) ;

Le 4e, celles qui n'ont pas de lèvre supérieure (germandrée).

*La cinquième classe,* des cruciformes ou en forme de croix, se divise en neuf ordres établis sur la forme du fruit :

Le 1er ordre comprend les fleurs dont le pistil se change en une silicule ronde (pastel) ;

Le 2e, celles dont le pistil se change en une silicule comprimée sur les côtés (cresson) ;

Le 3e, celles dont le pistil se change en une silicule plate à deux loges partagées par une cloison mitoyenne (lunaire) ;

Le 4e, celles dont le pistil se change en une silique divisée dans toute sa longueur (giroflée) ;

Le 5e, celles dont le pistil se change en une silique divisée en travers (raifort) ;

Le 6e, celles dont le pistil devient une silique à une seule loge (éclaire) ;

Le 7e, celles dont le pistil devient une silique à trois ou quatre loges (massue) ;

Le 8e, celles qui ont plusieurs pistils qui deviennent autant de graines réunies en une seule tête (potamogeton) ;

Le 9e, celles dont le pistil se change en une baie molle (parisette).

*La sixième classe,* des rosacées ou fleurs en roses, se divise en dix ordres établis sur la forme des fruits :

Le 1er comprend les fleurs dont le pistil se change en une capsule isolée s'ouvrant transversalement (pourpier) ;

Le 2e, celles dont le pistil se change en une capsule à une seule loge (pavot);

Le 3e, celles dont le pistil se change en un petit fruit capsulaire à une seule loge (morgeline);

Le 4e, celles dont le pistil se change en un fruit capsulaire à deux loges (saxifrage);

Le 5°, celles dont le fruit capsulaire a plusieurs loges (nielle);

Le 6°, celles dont le pistil se change en une baie à plusieurs semences (câprier);

Le 7°, celles dont le pistil se change en un fruit multicapsulaire (pivoine);

Le 8°, celles dont les semences sont nues sur le réceptacle (fraisier);

Le 9e, celles dont le pistil se change en une baie molle (asperge);

Le 10°, celles dont le calice se change en une capsule sèche (onagre);

*La septième classe,* des ombellifères ou fleurs en parasol, se divise en neuf ordres établis sur les graines et la disposition des fleurs :

Le 1er comprend les fleurs dont le calice devient un fruit à deux graines osseuses, petites, striées (carotte);

Le 2°, celles dont le calice se change en deux noix plus longues que larges (cerfeuil);

Le 3°, celles qui ont deux semences presque rondes (coriandre);

Le 4°, celles qui ont deux graines plates, ovales (aneth) et médiocres;

Le 5°, celles qui ont deux semences plates, ovales, assez grandes (panais);

Le 6°, celles dont les deux semences sont grosses et très-cannelées (cicutaire);

Le 7°, celles dont les deux semences sont entourées d'une substance spongieuse (amarante);

Le 8e, celles dont les deux semences sont terminées par une longue pointe (scandix, peigne de Vénus);

Le 9°, celles dont les fleurs en ombelles sont ramassées en tête (sanicle, chardon roland);

*La huitième classe,* des caryophyllées ou fleurs en œillets, se partage en deux ordres :

Le 1er comprend les fleurs dont la capsule est tout à fait détachée du calice (œillet, lin);

Le 2e, celle dont la capsule est comme adhérente au calice (statice).

*La neuvième classe*, des liliacées ou fleurs en lis, se divise en cinq ordres établis sur la corolle et le calice :

Le 1er ordre comprend les fleurs dont la corolle d'une seule pièce est divisée profondément et dont le pistil devient un fruit capsulaire (asphodèle);

Le 2e, celles dont le calice devient un fruit capsulaire (safran);

Le 3e, celles dont la corolle est formée de trois pétales distincts et séparés (éphémère);

Le 4e, celles dont la corolle est formée de six pétales (tulipe);

Le 5e, celles qui ont une corolle monopétale à six divisions (perce-neige).

*La dixième classe*, celle des papilionacées ou légumineuses, dont la fleur ressemble à un papillon et produit un légume, se divise en cinq ordres fondés sur les fruits et les feuilles :

Le 1er ordre comprend les fleurs dont le pistil devient un légume simple et court (lentille);

Le 2e, celles dont le pistil devient un légume simple et allongé (pois);

Le 3e, celles dont le légume paraît articulé (chenillette);

Le 4e, comprend les herbes qui ont des feuilles à trois folioles (trèfle);

Le 5e comprend les fleurs dont le pistil devient un légume divisé en deux loges dans toute sa longueur (astragale).

*La onzième classe*, des anomales ou irrégulières, se divise en trois ordres établis sur la fructification :

Le 1er comprend les fleurs dont le pistil se change en une capsule à une seule loge (violette);

Le 2e, celles dont le pistil devient une capsule à plusieurs loges (pied d'alouette);

Le 3e, celles dont le calice devient une capsule remplie de graines très-fines (orchis);

*La douzième classe*, des flosculeuses ou à fleurons, se divise en six ordres fondés sur les étamines, les pistils, les graines :

Le 1er comprend les fleurs composées entièrement de fleurons mâles ou femelles (lampourde);

Le 2e, celles dont les fleurons sont fertiles et surmontés d'une aigrette (artichaut);

Le 3*, celles dont les graines n'ont pas d'aigrettes (santoline);

Le 4*, celles dont les fleurons sont ramassés en boule (échinope);

Le 5*, celles dont les fleurons irréguliers ont chacun leur calice particulier (scabieuse).

*La treizième classe*, des semi-flosculeuses, ou à demi-fleurons, se divise en deux ordres :

Le 1er comprend les fleurs dont les graines sont à aigrettes (pissenlit);

Le 2e, celles dont les graines ne sont pas surmontées d'une aigrette (chicorée).

*La quatorzième classe*, des radiées ou fleurs en soleil, se partage en cinq ordres fondés sur les graines et les écailles du calice :

Le 1er comprend les fleurs dont les graines sont aigrettées (tussilage);

Le 2*, celles dont les graines sont couronnées de paillettes (soleil);

Le 3e, celles dont les graines sont nues (paquerette),

Le 4*, celles dont le calice est en manière d'écaille (le souci);

Le 5e, celles dont le disque est composé de fleurons tandis que la circonférence n'a que les écailles du calice disposées en rayon (carline).

*La quinzième classe*, des apétales à étamines, ou sans pétales, se divise en six ordres fondés sur les fruits, les fleurs, les étamines et les pistils :

Le 1er ordre comprend les fleurs dont le calice devient le fruit (poirée);

Le 2*, celles dont le pistil devient une graine enveloppée dans le calice (oseille);

Le 3*, celles dont la graine farineuse est renfermée dans une enveloppe glumacée (le froment);

Le 4*, les herbes qui ont des fleurs renfermées dans des têtes écailleuses (souchet);

Le 5*, les herbes à fleurs mâles et femelles, séparées par le même pied (maïs);

Le 6e, les herbes à fleurs mâles et femelles sur des pieds différents (épinard).

*La seizième classe*, des apétales sans fleurs ni étamines, se partage en deux ordres :

Le 1er comprend les végétaux dont les graines sont disposées sur le revers des feuilles (fougère) ;

Le 2e, ceux dont les graines sont disposées en grappes ou en épis (osmonde, lichen).

*La dix-septième classe*, des apétales sans fleurs ni fruits, se divise en deux ordres :

Le 1er comprend les végétaux qui croissent sur la terre (champignon) ;

Le 2e, ceux qui croissent ou végètent dans le sein des eaux (fucus).

*La dix-huitième classe*, des arbres à fleurs sans pétales, se divise en trois ordres :

Le 1er renferme les arbres et arbustes monoclines (frêne) ;

Le 2e renferme les arbres et arbustes monoïques (buis) ;

Le 3e renferme les arbres et arbustes dioïques (térébinthe).

*La dix-neuvième classe*, des arbres à fleurs amentacées ou en chaton, se divise en six ordres fondés sur les étamines, les pistils et les fruits :

Le 1er renferme les arbres et arbustes monoïques à fruits osseux (noyer) ;

Le 2e, ceux monoïques à fruits revêtus d'une enveloppe cartitagineuse (châtaignier) ;

Le 3e, ceux monoïques à fruits écailleux (sapin) ;

Le 4e, ceux monoïques dont les fruits sont des baies (génévrier) ;

Le 5e, ceux monoïques dont les fruits sont ramassés en boule (platane) ;

Le 6e, ceux dioïques dont les fleurs mâles sont en chaton (saule).

*La vingtième classe*, des arbres et arbustes à fleurs monopétales, se divise en sept ordres fondés sur la nature des fruits :

Le 1er comprend les arbres et arbustes dont le pistil se change en une baie molle à plusieurs pépins (troène) ;

Le 2e, ceux dont le pistil devient une baie contenant un noyau (olivier) ;

Le 3e, ceux dont le pistil se change en une graine à aile membraneuse (orme) ;

Le 4e, ceux dont le pistil devient un légume (lilas) ;

Le 5e, ceux dont le pistil devient une silique (mimosa) ;

Le 6e, ceux dont le calice se change en une baie (chèvrefeuille) ;

Le 7e, ceux dioïques monopétales, une seule espèce (gui).

*La vingt et unième classe*, des arbres et arbustes rosacés ou à corolle régulière et disposée en rose, se partage en neuf ordres établis sur les fruits :

Le 1er comprend les arbres et arbustes dont le pistil se change en une capsule à une seule loge (tilleul);

Le 2e, ceux dont le pistil se change en une baie simple ou composée (vigne, ronce);

Le 3e, ceux dont le pistil se change en une capsule à plusieurs loges (fusain);

Le 4e, ceux dont le pistil se change en un fruit composé de plusieurs graines (spirée);

Le 5e, ceux dont le pistil devient un légume (sené);

Le 6e, ceux dont le pistil devient une baie charnue renfermant des pepins (oranger) ;

Le 7e, ceux dont le pistil se change en un fruit à noyau (pêcher);

Le 8e, ceux dont le calice se change en un fruit charnu renfermant des pépins (poirier);

Le 9e, ceux dont le calice se change en fruit à noyau (cornouiller).

*La vingt-deuxième classe*, de papilionacées ou arbres et arbustes à fleurs polypétales et irrégulières, renferme trois ordres, fondés sur la disposition des feuilles :

Le 1er comprend les arbres et arbrisseaux à feuilles simples et alternes (arbre de Judée);

Le 2e, ceux qui portent trois feuilles ou folioles sur le même pétiole (cytise) ;

Le 3e, ceux dont les feuilles sont pinnées (robinia, faux acacia).

Le système de Linnée présente une méthode artificielle toute fondée sur l'absence, la présence et le nombre des étamines et des pistils; elle est admirable, porte l'empreinte d'un grand génie, et doit être étudiée avec soin par toutes les personnes qui veulent devenir botanistes; cependant elle n'est point parfaite, et peut même devenir embarrassante pour des commençants qui ne trouveront pas toujours le nombre et la disposition des étamines tels qu'il les faudrait pour bien classer la plante. Cet inconvénient étant le résultat des accidents qui surviennent aux végétaux, on y remédie autant qu'on peut, en choississant, pour l'examen d'une plante, la première fleur qui s'épanouit; elle est ordinairement la plus parfaite. Mais pour achever l'étude de la botanique, il faut toujours en venir à la méthode naturelle que nous verrons plus tard.

# TABLEAU SYNOPTIQUE
## DU SYSTÈME DE LINNÉE

### 1° FLEURS VISIBLES

#### A. MONOCLINES OU HERMAPHRODITES

CLASSES.

Etamines libres, égales, au nombre de
- 1 monandrie . . 1
- 2 diandrie . . 2
- 3 triandrie . . 3
- 4 tétrandrie . . 4
- 5 pentandrie . . 5
- 6 hexandrie . . 6
- 7 heptandrie . . 7
- 8 octandrie . . 8
- 9 ennéandrie . . 9
- 10 décandrie . . 10
- 11 dodécandrie . . 11

Etamines adhérantes au calice . . . 20° icosandrie . . 12
— non adhérantes . . . 20 à 100 polyandrie. 13

Etamines inégales
- 2 filets plus longs. didynamie . . 14
- 4 filets plus longs. tetradynamie . . 15

Etamines réunies
- par les filets
  - en un corps. monadelphie . . 16
  - en deux. diadelphie . . 17
  - en plusieurs. polyadelphie . . 18
- par les anthères
  - en forme de cylindre syngénésie . . 19
  - attachées au pistil. gynandrie . . 20

#### B. DICLINES.

Fleurs mâles et femelles
- sur le même pied. monoécie . . 21
- sur des pieds différents dioécie . . 22
- sur un ou plusieurs. polygamie . . 23

### 2° FLEURS A PEINE VISIBLES

Souvent renfermées dans le fruit. . . cryptogamie. . . 24

---

# TABLEAU DES ORDRES

### 1ʳᵉ CLASSE. — MONANDRIE.

*Fleurs visibles, hermaphrodites, une étamine*

Et un pistil (salicorne), ordre 1. Monandrie monogynie.
Deux pistils (callitric) — 2. Id. digynie.

### 2ᵉ CLASSE. — DIANDRIE.

*Fleurs visibles, hermaphrodites, deux étamines libres et égales,*

Et un pistil (troène), ordre 3. Diandrie monogynie.
Deux pistils (crypside), — 4. Id. digynie.
Trois pistils (poivre), — 5. Id. trigynie.

### 3ᵉ CLASSE. — TRIANDRIE.

*Fleurs visibles, hermaphrodites, trois étamines*

Et un pistil (valériane), ordre 6. Triandrie monogynie.
Deux pistils (orge), — 7. Id. digynie.
Trois pistils (montie des fontaines), ordre 8. Triandrie trigynie.

### 4ᵉ CLASSE. — TÉTRANDRIE.

*Fleurs visibles, hermaphrodites, quatre étamines*

Et un pistil (scabieuse), ordre 9. Tétrandrie monogynie.
  Deux pistils (grande cuscute), ordre 10. Tétrandrie digynie.
  Trois pistils (boscia), ordre 11. Tétrandrie trigynie.
  Quatre pistils (houx), — 12. Id. téragynie.

### 5ᵉ CLASSE. — PENTANDRIE.

*Fleurs visibles, hermaphrodites, cinq étamines*

Et un pistil (héliotrope), ordre 13. Pentandrie monogynie.
  Deux pistils (poirée), — 14. Id. digynie.
  Trois pistils (sureau), — 15. Id. trigynie.
  Quatre pistils (parnassie), — 16. Id. tétragynie.
  Cinq pistils (lin), — 17. Id. pentagynie.
  Dix pistils (schefferie), — 18. Id. décagynie.
  Pistils en nombre indéterminé (myosure), ordre 19. Pentandrie polygynie.

### 6ᵉ CLASSE. — HEXANDRIE.

*Fleurs visibles, hermaphrodites, six étamines*

Et un pistil (narcisse), ordre 20. Hexandrie monogynie.
  Deux pistils (riz), — 21. Id. digynie.
  Trois pistils (colchique) — 22. Id. trigynie.
  Six pistils (étoile du berger), — 23. Id. hexagynie.
  Pistil en nombre indéterminé (alisma), ordre 24. — Hexandrie polygynie.

### 7ᵉ CLASSE. — HEPTANDRIE.

*Fleurs visibles, hermaphrodites, sept étamines*

Et un pistil (marronnier d'Inde), ordre 25. Heptandrie monogynie.
  Deux pistils (liméum), ordre 26. Heptandrie digynie.

Quatre pistils (saururée), ordre 27. Heptendrie tétragynie.
Sept pistils (septas), — 28. Id. heptagynie.

### 8ᵉ CLASSE. — OCTANDRIE.

*Fleurs visibles, hermaphrodites, huit étamines*

Et un pistil (capucine), ordre 29. Octandrie monogynie.
  Deux pistils (galenie) — 30. Id. digynie.
  Trois pistils (bistorte), — 31. Id. trigynie.
  Quatre pistils (élatine), — 32. Id. tétragynie.
  Pistils indéterminés (michelia), ordre 33. Octandrie polygynie.

### 9ᵉ CLASSE. — ENNÉANDRIE.

*Fleurs visibles, hermaphrodites, neuf étamines*

Et un pistil (laurier), ordre 34. Ennéandrie monogynie.
  Trois pistils (rhubarbe), — 35. Id. trigynie.
  Six pistils (jonc fleuri), — 36. Id. hexagynie.

### 10ᵉ CLASSE. — DÉCANDRIE.

*Fleurs visibles, hermaphrodites, dix étamines*

Et un pistil (rue), ordre 37. Décandrie monogynie.
  Deux pistils (saponaire), — 38. Id. digynie.
  Trois pistils (cambare), — 39. Id. trigynie.
  Cinq pistils (nielle), — 40. Id. pentagynie.
  Dix pistils (phytolacca), — 41. Id. décagynie.

### 11ᵉ CLASSE. — DODÉCANDRIE.

*Fleurs visibles, hermaphrodites, de douze à dix-huit étamines*

Et un pistil (salicaire), ordre 42. Dodécandrie monogynie.
  Deux pistils (aigremoine), — 43. Id. digynie.
  Trois pistils (réséda), — 44. Id. trigynie.
  Quatre pistils (aponogéton), — 45. Id. tétragynie.

Cinq pistils (glinus), ordre 46. Dodécandrie pentagynie.
Six pistils (cephalotte), — 47. Id. hexagynie.
Sept pistils (joubarbe), — 48. Id. dodécagynie.

### 12ᵉ CLASSE. — ICOSANDRIE.

*Fleurs visibles, hermophradites, vingt étamines ou plus insérées sur le calice,*

Et un pistil (amandier), ordre 49. Icosandrie monogynie.
  Deux pistils (aubépine), — 50. Id. digynie.
  Trois pistils (sorbier), — 51. Id. trigynie.
  Cinq pistils (neflier), — 52. Id pentagynie.
  Pistils indéterminés (rosier), — 53. Id. polygynie.

### 13ᵉ CLASSE. — POLYANDRIE.

*Fleurs visibles, hermaphrodites, vingt étamines ou plus insérées sur le réceptacle,*

Et un pistil (pavot), ordre 54. Polyandrie monogynie.
  Deux pistils (pivoine), — 55. Id. digynie.
  Trois pistils (pied-d'alouette) — 56. Id. trigynie.
  Quatre pistils (tétrarie), — 57. Id. tétragynie.
  Cinq pistils (ancolie), — 58. Id. pentagynie.
  Pistils indéterminés (silvie), — 59. Id. polygynie.

### 14ᵉ CLASSE. — DIDYNAMIE.

*Fleurs visibles, hermaphrodites, quatre étamines, deux plus courtes que les deux autres,*

Quatre graines nues au fond d'un calice persistant (bétoine), ordre 60. Didynamie gynospermie.
Plusieurs graines enfermées dans une capsule (digitale), ordre 61. Didynamie angiospermie.

## 15ᵉ CLASSE. — TÉTRADYNAMIE.

*Fleurs visibles, hermaphrodites, six étamines, quatre longues et deux courtes.*

Graines renfermées dans une silicule (iberide), ordre 62. Tétradynamie siliculeuse.

Graines renfermées dans une silique (cresson), ordre 63. Tétradynamie siliqueuse.

## 16ᵉ CLASSE. — MONADELPHIE.

*Fleurs visibles, hermaphrodites, étamines réunies par leurs filets en un seul corps.*

Trois étamines réunies (silirinchie), ordre 64. Monadelphie triandrie.

Cinq étamines (passiflore), ordre 65. Monadelphie pentandrie.

Sept étamines (pelargon), ordre 66. Monadelphie heptandrie.

Huit étamines (aitone), ordre 67. Monadelphie octandrie.
Dix étamines (geranium), — 68. Id. décandrie.
Onze étamines (brownée), — 69. Id. endécandrie.
Douze étamines (monsonie), — 70. Id. dodécandrie.
Etamines indéterminées, réunies en un seul corps (mauve), ordre 71. Monadelphie polyandrie.

## 17ᵉ CLASSE. — DIADELPHIE.

*Fleurs visibles, hermaphrodites, étamines réunies en deux corps par les filets.*

Cinq étamines (moniera), ordre 72. Diadelphie pentandrie.
Six étamines (fumeterre), — 73. Id. hexandrie.
Huit étamines (poligala), — 74. Id. octandrie.
Dix étamines (genêt), — 75. Id. décandrie.

### 18e CLASSE. — POLYADELPHIE.

*Fleurs visibles, hermaphrodites, étamines réunies par leurs filets en plusieurs endroits.*

Dix étamines (cacaoyer), ordre 76. Polyadelphie décandrie.
Douze étamines (abrome), — 77. Id. dodécandrie.
Vingt étamines (oranger), — 78. Id. icosandrie.
Etamines indéterminées (mille-pertuis), ordre 79. Polyadelphie polyandrie.

### 19e CLASSE. — SYNGÉNÉSIE.

*Fleurs visibles, hermaphrodites, étamines réunies par leur anthères.*

Fleurs composées, tous les fleurons hermaphrodites (salsifis), ordre 80. Syngénésie polygamie égale.
Fleurons du centre hermaphodites, ceux de la circonférence femelles (aster), ordre 81. Syngénésie polygamie superflue.
Fleurons hermaphrodites au centre, stériles à la circonférence (soleil), ordre 82. Syngénésie polygamie frustranées.
Fleurons mâles au centre, femelles à la circonférence (souci), ordre 83. Syngénésie polygamie nécessaire.
Fleurs agrégées, tous les fleurons ayant chacun leur calice (échinops), ordre 84. Syngénésie polygamie séparée.

### 20e CLASSE. — GYNANDRIE.

*Fleurs visibles, hermaphrodites, étamines réunies au pistils par leurs anthères.*

Une étamine (orchis), ordre 85. Gyrandrie monandrie.
Deux étamines (orphrys), — 86. Id. diandrie.
Trois étamines (salacie), — 87. Id. triandrie.
Six étamines (aristoloches), — 88. Id. hexandrie.

### 21ᵉ CLASSE. — MONOÉCIE.

*Fleurs visibles, mâles et femelles sur le même individu,*

Une seule étamine (élatérie),   ordre 89. Monoécie monandrie.
Deux étamines (lentille d'eau), — 90.  Id. diandrie.
Trois étamines (maïs),          — 91.  Id. triandrie.
Quatre étamines (ortie),        — 92.  Id. tétandrie.
Cinq étamines (amarante),       — 93.  Id. pentandrie.
Six étamines (couos),           — 94.  Id. hexandrie.
Etamines indéterminées (chêne), — 95.  Id. polyandrie.
Etamines réunies en un corps (melon), ordre 96. Monoécie monadelphie.
Etamines insérées sur le pistil (andrachne), ordre 97. Monoécie gynandrie.

### 22ᵉ CLASSE. — DIOÉCIE.

*Fleurs visibles, les mâles sur un individu, les femelles sur un autre.*

Une étamine (pandan),           ordre 98. Dioécie monandrie.
Deux étamines (saule),          — 99.  Id. diandrie.
Trois étamines (phénix),        — 100. Id. triandrie.
Quatre étamines (gui),          — 101. Id. tétandrie.
Cinq étamines (houblon),        — 102. Id. pentandrie.
Six étamines (tanus),           — 103. Id. hexandrie.
Huit étamines (peuplier),       — 104. Id. octandrie.
Neuf étamines (mercuriale),     — 105. Id. ennéandrie.
Dix étamines (reboul),          — 106. Id. décandrie.
Douze étamines (minispermum),   — 107. Id. dodécandrie.
Vingt étamines sur le calice (flacourtia), ordre 108. Dioécie icosandrie.
Etamines indéterminées (chiffortia), ordre 109. Dioécie polyandrie.
Etamines réunies par les filets (genévrier), ordre 110. Dioécie monadelphie.
Etamines insérées sur le pistil avorté (chetia), ordre 111. Dioécie gynandrie.

### 23ᵉ CLASSE. — POLYGAMIE.

*Fleurs visibles, les mâles et les femelles sur des pieds différents ou sur le même, mêlées avec des fleurs hermaphrodites,*

Fleurs mâles et fleurs femelles sur un même pied avec des fleurs hermaphrodites (pariétaire), ordre 112. Polygamie monoécie.

Fleurs mâles sur un pied, et femelles sur un autre, mêlées avec des fleurs hermaphrodites (frêne), ordre 113. Polygamie dioécie.

### 24ᵉ CLASSE. — CRYPTOGAMIE.

*Fleurs peu ou point visibles,*

Fructification disposée sur le dos des feuilles (fougères), ordre 114.

Fructification logée dans des urnes pédicellées, rarement sessiles (mousses), ordre 115.

Fructification en forme de globules, de cônes, de cornes ou de tubes (algues), ordre 116.

Plantes dépourvues de feuilles et d'une consistance spongieuse ou tubéreuse (champignons), ordre 117.

---

Bernard de Jussieu, ayant été chargé par Louis XV de former un jardin botanique, y établit, pour la première fois sa méthode naturelle, c'est-à-dire qu'il classa les plantes d'après leurs ressemblances, et l'on y vit séparées les fleurs délicates dont la corolle ressemble à la rose, celles dont les fleurs ont quelque rapport au papillon, celles qui offrent, comme l'astre du jour, un centre et des rayons, etc. Voici l'exposé de cette méthode, augmentée par A. de Jussieu, neveu du précédent.

# TABLEAU SYNOPTIQUE
## OU MÉTHODE NATURELLE DU SYSTÈME DE JUSSIEU

```
                                                    CLASSES.
         acotylédones.  . . . . . . . . . . . . . . . . . . . . 1
                                         ⎧ hypogynes¹ . . . 2
         monocotylédones. . . . . . . . . ⎨ périgynes. . . . 3
PLANTES                                   ⎩ épigynes. . . .  4
                                          ⎧ épigynes. . . .  5
                     ⎧ apétales à étamines.⎨ périgynes. . .  6
                     ⎪                     ⎩ hypogynes. . .  7
                     ⎪                     ⎧ hypogynes. . .  8
         dicotylédones⎨ monopétales à corole.⎨ périgynes. .  9
                     ⎪ monoclines            ⎪ épigynes réunies. 10
                     ⎪                       ⎩ à anthères distinctes 11
                     ⎪                       ⎧ épigynes. . . 12
                     ⎩ polypétales à étamines.⎨ hypogynes. . 13
                                              ⎩ périgynes. . 14
         diclines. . . . . . . . . . . . . . . . . . . . . . 15
```

---

## NOMENCLATURE DES 168 FAMILLES DE JUSSIEU.

SUITE DE SON SYSTÈME

### 1re CLASSE. — ACOTYLÉDONIE.

*Plantes acotylédones.*

1. Algues.
2. Champignons.
3. Hypoxylées.
4. Lichens.
5. Hepatiques.
6. Mousses.
7. Lycopodiacées.
8. Fougères.
9. Characées.
10. Equisétacées.
11. Salviniées.

¹ Les étamines sont *hypogynes*, lorsqu'elles sont insérées sous le pistil ou l'ovaire ; *périgynes*, lorsqu'elles sont insérées autour du pistil, sur le calice ou sur les pétales; enfin, *épigynes*, c'est-à-dire insérées sur le pistil.

## 2ᵉ CLASSE. — MONOHYPOGYNIE.

*Plantes monocotylédones hypogynes.*

12. Fluviales.
13. Saururées.
14. Pipéritées.
15. Aroïdes.
16. Typhinées.
17. Cypéracées.
18. Graminées.

## 3ᵉ CLASSE. — MONOPÉRIGYNIE.

*Plantes monocotylédones périgynes.*

19. Palmiers.
20. Asparagynées.
21. Restiacées.
22. Joncées.
23. Commélinées.
24. Alismacées.
25. Butomées.
26. Juncaginées.
27. Colchicées.
28. Liliacées.
29. Broméliacées.
30. Asphodélées.

## 4ᵉ CLASSE. — MONOÉPIGYNIE.

*Plantes monocotylédones épigynes.*

31. Narcissées.
32. Iridées.
33. Dioscorées.
34. Amonées.
35. Hémodoracées.
36. Musacées.
37. Orchidées.
38. Nymphéacées.
39. Hydrocharidées.
40. Balanophorées.

## 5ᵉ CLASSE. — ÉPISTAMINIE.

*Plantes dicotylédones apétales épigynes.*

41. Aristolochiées.

## 6ᵉ CLASSE. — PÉRISTAMINIE.

*Plantes dicotylédones apétales périgynes.*

42. Osyridées.
43. Mirobolanées.
44. Cléagnées.
45. Thymélées.

46. Protéacées.
47. Laurinées.
48. Polygonées.
49. Bégomacées.
50. Atriplicées.

### 7ᵉ CLASSE. — HYPOSTAMINIE.

*Plantes dicotylédones apétales hypogynes.*

51. Amarantacées
52. Plantagynées.
53. Nyctaginées.
54. Plombagynées.

### 8ᵉ CLASSE. — HYPOCOROLLIE.

*Plantes dicotylédones monopétales hypogynes.*

55. Primulacées.
56. Utriculinées.
57. Rhinautées.
58. Orobauchées.
59. Acanthacées.
60. Jasminées.
61. Pédalinées.
62. Verbénacées.
63. Myoporinées.
64. Labiées.
65. Personnées.
66. Solanées.
67. Borraginées.
68. Convolvulacées.
69. Polémonacées.
70. Bignoniers.
71. Gentianées.
72. Apocynées.
73. Sapotées.
74. Ardisiasées.

### 9ᵉ CLASSE. — PÉRICOROLLIE.

*Plantes dicotylédones monopétales périgynes.*

75. Ebénacées.
76. Klénacées.
77. Rhodoracées.
78. Epanidées.
79. Ericinées.
80. Campanulacées.
81. Lobéliacées.
82. Gesnériacées.
83. Stylidiées.
84. Goodenoviées.

### 10ᵉ CLASSE. — ÉPICOROLLIE-SYNANTHÉRIE.

*Plantes dicotylédones monopétales épigynes à anthères conjointes.*

85. Chicoracées.
86. Cinorocéphales.
87. Corymbifères.
88. Calycérées.

## 11ᵉ CLASSE. — ÉPICOROLLIE-CORISANTHÉRIE.

*Plantes dicotylédones monopétales épigynes à étamines distinctes.*

89. Dipsacées.
90. Valérianées.
91. Rubiacées.
92. Caprifoliacées.
93. Loranthées.

## 12ᵉ CLASSE. — ÉPIPÉTALIE.

*Plantes dicotylédones polypétales épigynes.*

94. Araliacées.
95. Ombellifères.

## 13ᵉ CLASSE. — HYPOPÉTALIE.

*Plantes dicotylédones polypétales hypogynes.*

96. Renonculacées.
97. Papavéracées.
98. Fumariacées.
99. Crucifères.
100. Capparidées.
101. Sapindées.
102. Acérinées.
103. Hippocratées.
104. Malpigiacées.
105. Hypéricées.
106. Guttifères.
107. Olacinées.
108. Aurantiacées.
109. Térustromiées.
110. Théacées.
111. Méliacées.
112. Vinifères.
113. Géraniacées.
114. Malvacées.
115. Butnériacées.
116. Magnoliacées.
117. Dilléniacées.
118. Ochnacées.
119. Simaroubées.
120. Anonées.
121. Menispermées.
122. Berbéridées.
123. Hermannées.
124. Tiliacées.
125. Cistées.
126. Violées.
127. Polygalées.
128. Diosmées.
129. Rutacées.
130. Caryophillées.
131. Trémandrées.
132. Linacées.
133. Tamariscinées.

### 14ᵉ CLASSE. — PÉRIPÉTALIE.

*Plantes dicotylédones polypétales périgynes.*

134. Paronichiées.
135. Portulacées.
136. Saxifragées.
137. Cunionacées.
138. Crassulées.
139. Opuntiacées.
140. Ribésiées.
141. Loasées.
142. Ficoïdées.
143. Cercodiennes.
144. Onagraires.
145. Myrtées.

146. Mélastomées.
147. Lythraires.
148. Rosacées.
149. Amygdalées.
150. Spiréacées.
151. Pomacées.
152. Sanguisorbées.
153. Légumineuses.
154. Térébinthacées.
155. Pittosporées.
156. Rhamnées.

### 15ᵉ CLASSE. — DICLINIE.

*Plantes dicotylédones apétales diclines.*

157. Euphorbiacées.
158. Cucurbitacées.
159. Passiflores.
160. Myristicées.
161. Urticées.
162. Monimiées.

163. Quercinées.
164. Salicinées.
165. Bétulacées.
166. Ulmacées.
167. Cycadées.
168. Conifères.

---

Pour faciliter aux jeunes botanophiles l'étude de la méthode de Jussieu, plusieurs savants l'ont modifiée de diverses manières ; nous n'indiquerons que celle qui est adoptée au muséum d'histoire naturelle, à Paris. En voici l'abrégé : 15 classes.

## 1re CLASSE.

*Plantes acotylédones, formant 7 ordres.*

1° *Algues*, plantes aquatiques, diversement colorées, herbacées, quelquefois ligneuses et coriaces.

2° *Champignons*, plantes terrestres ou parasites très-variées dans leurs couleurs et leurs formes.

3° *Hypoxilées*, plantes croissant sur d'autres végétaux formées d'une expansion coriace et subéreuse.

4° *Lichens*, plantes fausses parasites croissant sur les écorces des arbres, les bois morts, les rochers, etc.

5° *Hépatiques*, plantes terrestres, aquatiques ou parasites petites et herbacées.

6° *Mousses*, petites plantes généralement connues.

7° *Lycopodiacées*, plantes herbacées, sorte de grande mousse.

## 2ᵉ CLASSE. — 1re DIVISION.

*Monocotylédones cryptogames, formant 5 ordres.*

1° *Fougères*, plantes croissant sur la terre, entre les fissures des rochers et sur les vieux murs.

2° *Rhizospermes* ou *salviniées*, plantes aquatiques à tiges rampantes.

3° *Cicadées*, plantes naturelles aux climats les plus chauds de l'Amérique, de l'Afrique et des Indes.

4° *Equisétacées*, plantes aquatiques, herbacées à tiges fistuleuses.

5° *Naïades*, plantes aquatiques flottantes ou couchées au fond des eaux.

## 2ᵉ DIVISION. — 2ᵉ DIVISION.

*Monocotylédones phanérogames à étamines sous le pistil, formant 3 ordres.*

1° *Massettes* ou *typhacées*, plantes aquatiques.

2° *Souchets*, plantes croissant dans l'eau ou sur ses bords, tige herbacée, simple, feuilles très-longues.

3° *Graminées*, racines fibreuses, tige (ou chaume) cylindrique, articulée, souvent fistuleuse (blé).

### 3ᵉ CLASSE.

*Monocotylédones apétales à étamines attachées au calice, formant 9 ordres.*

1º *Palmiers*, plantes croissant dans les sables des régions les plus brûlantes (dattiers).

2º *Asparaginées*, plantes variées, tige cylindrique et stipe dans le genre des palmiers.

3º *Joncées*, plantes croissant dans les lieux humides ou marécageux.

4º *Commélinées*, plantes exotiques ou étrangères à notre sol.

5º *Alismacées*, plantes pour la plupart aquatiques.

6º *Colchiacées*, plantes herbacées dont les fleurs paraissent souvent avant les feuilles.

7º *Liliacées*, plantes herbacées, racines bulbeuses, fleurs ordinairement très-belles (lis).

8º *Narcissées*, plantes herbacées, racines bulbeuses ou fibreuses, jolies fleurs (narcisses).

9º *Iridées*, plantes herbacées, racines tubéreuses, bulbeuses ou fibreuses (iris).

### 4ᵉ CLASSE.

*Monocotylédones apétales à étamines sur le pistil, formant 5 ordres.*

1º *Aroïdes*, plantes herbacées, communes (arum).

2º *Bananiers*, plantes exotiques (bananier).

3º *Balisiers*, plantes exotiques (gingembre).

4º *Orchidées*, plantes herbacées, racines tubéreuses, jolies fleurs (vanille, orchis morio ou pentecôte).

5º *Hydrocharidées*, plantes herbacées et aquatiques, racines charnues (nénuphar).

### 5ᵉ CLASSE.

*Dicotylédones apétales, étamines insérées sous le pistil.*

1º *Aristolochiées*, plantes herbacées ou ligneuses, tiges souvent volubiles (aristoloche).

## 6ᵉ CLASSE.

*Dicotylédones apétales à étamines attachées au calice, formant 6 ordres.*

1° *Eléagnées,* plantes ligneuses, quelques-unes indigènes, plusieurs exotiques (argousier, badamier).

2° *Thymélées,* plantes ligneuses (lauréole, garou).

3° *Protéacées,* plantes exotiques.

4° *Laurinées,* plantes ligneuses, feuilles entières et persistantes (laurier commun, canelle, sassafras).

5° *Polygonées,* plantes herbacées (rumex sarrasin).

6° *Atriplicées,* plantes herbacées, souvent potagères (arroche, blette, épinard).

## 7ᵉ CLASSE.

*Dicotylédones apétales, étamines attachées au pistil.*

1° *Amarantacées,* plantes herbacées, dont quelques-unes cultivées par agrément (amarante).

## 8ᵉ CLASSE.

*Dicotylédones monopétales à corolle attachée sous le pistil formant 18 ordres.*

1° *Plantaginées,* plantes herbacées et communes (plantain).

2° *Nyctaginées,* plantes exotiques cultivées dans nos jardins (belle-de-nuit, mirabilis).

3° *Plombaginées,* plantes herbacées (la dentelaire).

4° *Lysimachies* ou *primulacées,* plantes herbacées à racines, presque toujours vivaces, fleurs très-variées (globulaire).

5° *Pédiculaires,* plantes herbacées (véronique, euphraise).

6° *Acanthées,* plantes herbacées (acanthe, branche-ursine).

7° *Jasminées,* plantes ligneuses, jolies fleurs disposées en thyrse, en corymbe ou en grappe (jasmin, lilas).

8° *Gatiliers,* plantes herbacées ou ligneuses, corolle monopétale (verveine).

9° *Labiées*, plantes herbacées, presque toutes officinales et en usage dans la médecine (menthe, hysope).

10° *Scrophulaires*, plantes herbacées, rarement frutescentes (digitale).

11° *Solanées*, plantes herbacées, souvent vénéneuses (jusquiame, tabac).

12° *Borraginées*, plantes herbacées (bourrache, consoude).

13° *Convolvulacées*, plantes herbacées ou ligneuses, tiges souvent sarmenteuses et volubiles (liseron).

14° *Polémoniacées*, plantes herbacées ou ligneuses, tiges rameuses (phlox).

15° *Bignones*, plantes exotiques cultivées dans les jardins d'agrément (bignonia).

16° *Gentianées*, plantes herbacées, rarement frutescentes (gentiane, petite centaurée).

17° *Apocynées*, plantes ligneuses ou herbacées, tiges quelquefois rampantes (asclépiade).

18° *Sapotilliers*, plantes exotiques croissant naturellement aux Indes.

### 9ᵉ CLASSE.

*Dicotylédones monopétales à corolle attachée au calice, formant 4 ordres.*

1° *Plaqueminiers*, plantes ligneuses et exotiques, tiges très-rameuses (diospyre, ébène).

2° *Rosages*, plantes herbacées ou ligneuses, fleurs jolies et cultivées (azalée, rhododendron).

3° *Bruyères*, plantes herbacées ou ligneuses, fleurs très-variées (arbousier, raisin d'ours).

4° *Campanulacées*, plantes herbacées, rarement ligneuses (raiponce).

### 10ᵉ CLASSE.

*Dicotylédones monopétales à corolle sur le pistil, anthères réunies, formant 3 ordres.*

1° *Semi-flosculeuses*, chicoracées, synanthérées, plantes herbacées (salsifis, scorsonère).

2° *Flosculeuses,* plantes herbacées ou ligneuses, tiges et feuilles souvent laiteuses (artichaut, tussilage).

3° *Radiées,* plantes ordinairement herbacées, feuilles alternes (matricaire, souci).

### 11ᵉ CLASSE.

*Dicotylédones monopétales à corolle sur le pistil, anthères distinctes, formant 4 ordres.*

1° *Dipsacées,* plantes herbacées vivaces ou annuelles (scabieuse).

2° *Valérianées,* plantes herbacées (valériane).

3° *Rubiacées,* plantes herbacées ou ligneuses, fleurs variées (caille-lait).

4° *Caprifoliacées,* plantes herbacées ou ligneuses, tiges souvent sarmenteuses (sureau).

### 12ᵉ CLASSE.

*Dicotylédones polypétales à étamines sur le pistil, formant 2 ordres.*

1° *Aralies,* plantes exotiques (ginseng).

2° *Ombellifères,* plantes herbacées presque toutes aromatiques (anis, fenouil).

### 13ᵉ CLASSE.

*Dicotylédones polypétales à étamines attachées sur le pistil, formant 22 ordres.*

1° *Renonculacées,* plantes herbacées, fleurs très-variées (clématites, renoncules).

2° *Papavéracées,* plantes herbacées, souvent laiteuses (pavot, chélidoine).

3° *Crucifères,* plantes herbacées, feuilles alternes, presque toutes âcres, stimulantes (moutarde, raifort).

4° *Caprinées,* plantes herbacées ou ligneuses, tiges simples ou rameuses (caprier).

5° *Sapindacées,* plantes ligneuses et exotiques (savonnier).

6° *Acérinées,* plantes ligneuses (érable).

7° *Malpigyacées,* plantes exotiques.

8° *Hypéricées*, plantes herbacées (mille-pertuis).

9° *Guttiers*, plantes ligneuses et exotiques.

10° *Aurantiacées*, plantes ligneuses et exotiques, cultivées comme objets précieux (oranger, citronnier, camélia).

11° *Méliacées*, plantes ligneuses, exotiques, cultivées (azédarach),

12° *Vinifères*, plantes ligneuses (vigne).

13° *Géraniacées*, plantes herbacées (capucine).

14° *Malvacées*, piantes herbacées ou ligneuses (mauve, althée).

15° *Magnoliacées*, plantes ligneuses et exotiques. La fleur du magnolia est connue pour sa beauté.

16° *Anonées*, plantes ligneuses et exotiques.

17° *Ménispermées*, plantes herbacées et exotiques.

18° *Berbéridées*, plantes ligneuses (berberis, épine-vinettes).

19° *Tiliacées*, plantes ligneuses (tilleul).

20° *Cistées*, plantes herbacées ou ligneuses, tiges souvent rampantes (ciste).

21° *Rutacées*, plantes herbacées et ligneuses (rue).

22° *Caryophillées*, plantes ordinairement herbacées, jolies fleurs (œillet, saponaire).

### 14ᵉ CLASSE.

*Dicotylédones polypétales à étamines attachées au calice formant 14 ordres.*

1° *Crassulées*, plantes grasses et herbacées (joubarbe).

2° *Saxifragées*, plantes herbacées, quelquefois succulentes (saxifrage).

3° *Opuntiacées*, plantes grasses, herbacées et exotiques (cactier).

4° *Grossulariées*, plantes ligneuses, cultivées dans les jardins (grosseiller).

5° *Portulacées*, plantes herbacées ou ligneuses (pourpier).

6° *Ficoïdées*, plantes herbacées, succulentes ou ligneuses presque toutes exotiques.

7° *Onagraires*, plantes herbacées (macre, onagre).

8° *Myrtées*, plantes ligneuses (myrte, grenadier).

9° *Mélastomées*, plantes ligneuses et exotiques.

10° *Lythraires*, salicaires, plantes herbacées.

11° *Rosacées*, plantes herbacées ou ligneuses; cette famille fournit la plus grande partie des fruits cultivés dans les jardins (fraisier, prunier, etc.)

12° *Légumineuses*, plantes herbacées ou ligneuses, très-communes et très-connues (acacia, coronille, trèfle, etc.)

13° *Térébinthacées*, plantes ligneuses (sumac, noyer).

14° *Rhamnoïdes*, plantes ligneuses (nerprun, jujubier).

### 15ᵉ CLASSE.

*Dicotylédones apétales, fleurs unisexuelles, formant 6 ordres.*

1° *Euphorbiacées*, plantes herbacées ou ligneuses (euphorbe-mercuriale).

2° *Cucurbitacées*, plantes herbacées (melon, concombre).

3° *Passiflorées*, plantes ligneuses ou herbacées et exotiques.

4° *Urticées*, plantes herbacées ou ligneuses (mûrier, pariétaire).

5° *Amentacées*, plantes ligneuses (saule, peuplier).

6° *Conifères*, plantes ligneuses et ordinairement résineuses (pin, sapin, genévrier).

---

Toutes ces diverses méthodes ont pour but de faciliter aux botanistes la classification des plantes, et de leur faire connaître leur nom, classe, tribu, etc. Voyons-en un ou deux exemples.

Je cueille au hasard dans une haie une fleur qui me plaît; elle est blanche, d'une odeur agréable, appartient à un arbuste; sa forme est celle du lilas; les feuilles de cette plante sont entières, ovales, lancéolées; les fruits sont noirs, en grappe. D'après la méthode de Tournefort, ce doit être une plante de la *classe vingtième*, *arbres ou arbustes à fleurs monopétales*. J'en examine le fruit, c'est une baie à plusieurs pépins. Alors cette plante est de la *vingtième classe* et du *premier ordre*; mais cela ne suffit pas pour m'en apprendre le nom, parce que cette première méthode n'est pas suffisante. Je partage une des fleurs, j'y trouve un pistil et deux étamines. D'après Linnée, c'est une plante de la *diandrie monogynie*, dont les espèces sont peu nombreuses : ce n'est point un jasmin, un phyllyrea, un syringa, c'est donc le *troène* (ligustrum vulgare).

On me présente une fort jolie plante cueillie sur les bords d'un ruisseau. Sa tige est arquée, anguleuse; ses feuilles alternes, sessiles, ovales, oblongues; ses fleurs sont blanches en forme de grelots; les pédoncules sont auxiliaires, grêles, portant une fleur ou deux; la plante est inodore; la racine charnue. C'est la première plante que j'ai reconnue et déterminée; j'avoue qu'elle est chère à mon souvenir, parce qu'elle me coûta quelques recherches. D'après Tournefort, je me disais : C'est une plante de sa première classe (campaniformes). D'après Linnée, cette plante, ayant six étamines et un pistil, était de l'*hexandrie monogynie*. Cela ne me suffisait pas encore. Enfin, après avoir étudié la méthode naturelle, je voulus encore examiner ma plante; je la vis croître comme le muguet, je lui trouvai de l'analogie avec cette jolie plante; j'ouvris une Flore, et à l'article *asparaginées*, je découvris le nom de ma plante chérie : *convallaria polygonatum*, muguet anguleux, sceau de Salomon.

C'est ainsi qu'avec quelque travail vous pourrez vous rendre compte de toutes les plantes que vous désirez connaître, et que vous ornerez votre mémoire agréablement. J'ajoute un mot : c'est que les notions que je viens de vous tracer, et qu'il vous importe de posséder à fond, ne vous dispensent pas d'avoir à votre usage une Flore départementale ou générale, pour vous assurer de la justesse de vos observations et vous faire connaître le nom et le genre de la plante que vous aurez déterminée. Je vous conseille de préférence une *Flore générale de France* (la dernière édition sera toujours la meilleure), ou bien la *Botanographie Belgique* de M. Lestiboudois, dont la méthode est naturelle et facile.

# NOTIONS DE BOTANIQUE

à l'usage des jeunes personnes.

## DEUXIÈME PARTIE

### BOTANIQUE THÉORIQUE

Le travail amène le succès.

### BOTANIQUE MÉDICALE

Comme prélude de la science bienfaisante que nous allons esquisser, je vous offre, mes chères enfants, l'exemple d'une jeune comtesse qui, dès les premières années de son adolescence, sut apprécier la vertu et mettre son bonheur à soulager les malheureux. « Après le repas, elle se promenait une heure dans son jardin lorsque la saison et ses occupations le lui permettaient;

elle se plaisait à cultiver elle-même des fleurs pour l'ornement des églises. Depuis une heure jusqu'à trois, elle écoutait les indigents qui venaient la voir et lui exposer leurs misères, leurs besoins et leurs infirmités; elle leur rendait tous les services possibles, et connaissait des remèdes simples et efficaces pour diverses maladies; mais en secourant les besoins du corps, elle y joignait toujours quelques mots d'encouragement et d'édification [1]. »

Oui, mes jeunes amies, soulager tous les maux, consoler tous les chagrins, être une sœur de charité au milieu du monde, telle est la sublime vocation d'une femme. Dans l'opulence ou dans la médiocrité, à la ville ou à la campagne, dans le monde ou dans la retraite, votre destinée sera toujours la même; toujours, pour être vraiment aimable, vous devrez vous oublier personnellement et travailler au bonheur de vos semblables; et comme notre existence est une longue suite d'infirmités, un de vos premiers devoirs sera de vous dévouer à en arrêter le cours ou à en diminuer du moins les douleurs. Si cette noble tâche vous effrayait, l'égoïsme serait votre partage, vous ne mériteriez plus d'être chéries (comme vous l'êtes), et je m'écrierais : Malheur à vous ! Mais, non, jamais la plainte d'un malade, les soupirs d'un infirme, le cri d'un enfant blessé ne vous trouveront insensibles; vous serez toujours prêtes à voler à leur secours, ne dussiez-vous recueillir pour récompense que la satisfaction d'avoir accompli ce que nous prescrit notre divin Maître.

La mère de famille devant être le médecin ordinaire

[1] Vie édifiante de mademoiselle Marie-Anne Duval de Dampierre, par 'abbé Carron.

de ceux qui sont confiés à ses soins, surtout en ce qui concerne les malaises et les accidents journaliers, il est utile qu'elle connaisse à la fois ces maux et leurs remèdes. Laissez, jeunes amies, laissez à la prudence de vos mères le soin de suppléer le médecin qu'on ne peut attendre; apprenez, sous leur direction, ce que vous devez faire pour les remplacer un jour. Je viens seulement vous donner quelques conseils, afin que vous puissiez aider vos mères, trop occupées pour herboriser elles-mêmes, et recueillir les racines, les feuilles, les fleurs, les graines ou les fruits qui entrent dans la composition des divers médicaments. Ces objets se trouvent dans les pharmacies des villes; mais, à la campagne, il est bon de récolter, dessécher et conserver les plantes médicinales dont on aura besoin. Si les bornes de cet ouvrage me permettaient de traiter ce sujet d'une manière moins imparfaite, je vous dirais ici comment se font les infusions et les décoctions de plantes, les tisanes, les potions, les sirops, les conserves, les essences, etc. Réservons ce détail intéressant pour un volume particulier.

Les propriétés médicinales des plantes sont indiquées dans les livres de botanique par des adjectifs dont le Dictionnaire vous expliquera la signification. Plusieurs de ces termes sont usités dans la conversation ordinaire, et vous savez déjà ce que veulent dire les mots : *aromatique*, *nutritif*, *purgatif*, *vénéneux*, etc.

Voici, en abrégé, les qualités médicinales de quelques familles de plantes :

ESPÈCES VULNÉRAIRES OU THÉ DE SUISSE. Véronique, pas-d'âne, mille-pertuis, pied-de-chat, sanicle, bugle, pervenche, lierre terrestre, scordium, aigremoine, bétoine, mille-feuilles, scolopendre, chardon bénit.

ESPÈCES BÉCHIQUES. Fleurs de guimauve, mauve, coquelicot, pied-de-chat, tussilage.

ESPÈCES AROMATIQUES. Romarin, thym, sauge, hysope, lavande, origan, menthe, mélisse, marjolaine, basilic, laurier, genièvre.

ESPÈCES PECTORALES. Capillaire, véronique, mauve, lierre terrestre, violette.

ESPÈCES ASTRINGENTES. Racines de tormentille, de bistorte, écorce de grenades.

ESPÈCES AMÈRES. Petite centaurée, chamédris, absynthe, chicorée sauvage.

Voici maintenant les plantes médicinales que l'on peut récolter dans le cours de l'année.

JANVIER. Aucune récolte à faire.

FÉVRIER. Idem.

MARS. On recueille dans ce mois les fleurs de violette, de pêcher, d'amandier, de tussilage, les racines de guimauve et de pivoine.

MAI. On doit cueillir en ce mois les feuilles de grande ciguë, d'absynthe, de pulmonaire, de lierre terrestre, de chicorée sauvage, de cochléaria; le beccabunga, le cresson, les fleurs de pensée, de muguet; l'écorce de sureau.

JUIN. On fait la récolte du romarin, du thym, du fenouil, du petit chêne, du chardon bénit, de la sauge, de divers capillaires, des feuilles de menthe, de jusquiame, de digitale, de laitue vireuse, de bétoine, d'ache, d'aconit, d'asarum, d'angélique; les sommités fleuries d'hypéricum, de petite centaurée, de calament, d'origan, de marjolaine, de mélilot, de basilic; les fleurs de bourrache, de buglosse, de camomille, de coquelicot, de genêt, de roses, de soucis, de sureau, de lis, d'oranger, de bouillon blanc et de tilleul.

JUILLET. On peut cueillir en ce mois les feuilles d'acanthe, de mauve, de mélisse, de nicotiane, d'angélique, de menthe, de caille-lait, de mille-feuilles, de chélidoine, de mandragore, de bon-henri, de verge d'or; la moutarde, les capsules du pavot.

AOUT. Ce mois offre à cueillir le turquette, le scolopendre, les feuilles de belle-de-nuit, de houblon, de ménianthe, de morelle, de datura, de belladone, les fleurs de lavande, de grenadier, de nymphéa, de guimauve, de houblon.

SEPTEMBRE. Dans ce mois on recueille les feuilles de mercuriale et d'oranger, les racines de chiendent, d'ache, d'angélique, d'asperges, de chicorée, de nymphéa, de patience, de persil, de petit houx, de réglisse, d'inula campana, de gentiane, de raifort sauvage, de valériane, d'orchis, de bugrane-arrête-bœuf, d'alkekenge.

OCTOBRE. Dans ce mois on recueille les racines de bardane, de bryone, de consoude, de cynoglosse, de fraisier, de garance, de rhubarbe; les écorces de chêne, de marronnier d'Inde, d'orme, d'hièble, etc.

NOVEMBRE. Se récoltent dans ce mois les racines de carottes, de betteraves; les lichens, les champignons.

DÉCEMBRE. Comme le mois précédent.

Les fruits se récoltent selon le temps de leur maturité. Ceux qui ont le plus de propriétés médicales sont : les cerises, framboises, noix; melons, mûres, jujubes, concombres, citrouilles, raisins, coings, amandes, oranges, citrons; les baies ou semences d'épine-vinette, de carvi, d'anis, de fenouil, de coriandre, de sureau et d'alkekenge.

La dessication des substances végétales est une opération toujours importante, et qui demande beaucoup de soin, afin de ne pas altérer le principe salutaire que contiennent les végétaux.

Les bois et écorces, les graines ou semences, de nature sèche et coriace, se conservent facilement ; il suffit, pour les dessécher, de les exposer dans un lieu aéré.

Les feuilles se dessèchent aussi avec facilité.

Les fleurs demandent plus de soins que les feuilles ; l convient de les dessécher très-promptement, pour conserver, autant que possible, leur couleur et leur arôme.

La dessication des fruits est la plus difficile ; et il faut, pour l'ordinaire, recourir à l'étuve ou à la chaleur d'un four modéré.

# BOTANIQUE AGRICOLE

Quoique ne faisant pas, à proprement parler, partie de la botanique, puisqu'elle n'a trait qu'aux végétaux qui ont perdu pour la plupart leurs caractères primitifs, l'agriculture occupe cependant un rang distingué dans l'histoire naturelle, et nous croyons que, sous le rapport de son utilité, elle ne doit pas être négligée dans une étude instructive. Nous n'en donnerons cependant que de légères notions; on pourra, si l'on veut, recourir aux ouvrages plus étendus que nous avons déjà indiqués.

L'*agronomie* est la science agricole dans sa théorie : elle comprend l'analyse des terres, ou étude de leurs diverses substances et qualités, la théorie des assolements, la météorologie, la géographie agricole. L'*agriculture* est la science pratique, ou l'art de faire rendre à la terre des produits avantageux. Cultiver la terre, la fertiliser, en retirer la plus grande quantité possible des meilleurs produits, mais sans l'épuiser, tels sont en effet l'objet et le but de l'agriculture.

## CULTURE DES CHAMPS

C'est l'agriculture proprement dite, ou l'art de fertiliser la terre et d'en recueillir les fruits. De vastes développements seraient nécessaires à cette partie ; mais pour ne pas nous écarter de notre plan, nous laisserons à part les engrais, les défrichements, les machines et instruments aratoires, nous bornant à faire connaître ce qu'on entend par *céréales*, *plantes fourragères* et *plantes industrielles*. Les prairies, les vergers, les bois et les jardins achèveront de remplir notre cadre.

> Jadis heureux vainqueur d'une terre ennemie,
> Un vieillard avait su de ses champs plus féconds
> Vaincre l'ingratitude et doubler les moissons ;
> Il avait, devinant l'art heureux d'Angleterre,
> Pétri, décomposé, recomposé la terre,
> Créé des prés nouveaux ; et les riches sainfoins
> Et l'herbe à triples feuilles avaient payé ses soins.
> Ici des jeunes fleurs il doublait la couronne,
> Là de fruits inconnus enrichissait l'automne.
> Nul repos pour ses champs ; et la variété
> Seule les délassait de leur fécondité.
> Enviant à ses soins un si beau privilége,
> Un voisin accusa son art de sortilége.
> Cité devant le juge, il étale à ses yeux
> Sa herse, ses rateaux, ses bras laborieux,
> Raconte par quel soin son adresse féconde
> A su changer la terre, a su diriger l'onde.
> Voilà mon sortilége et mon enchantement,
> Leur dit-il. Tout éclate en applaudissement.
> On l'absout ; et son art, doux charme de la vie,
> Comme d'un sol ingrat triompha de l'envie.

On nomme *céréales* les graminées qui servent à faire du pain, parce que les poëtes les ont regardées comme un présent de Cérès. Elles ne sauraient trop se multiplier.

Après que la terre a été retournée et préparée par divers labours, on y sème les céréales; on brise les mottes avec la *herse*, on les écrase avec le *rouleau*. Dans les premiers jours de juillet, la belle couleur de leurs épis dorés annonce leur maturité. Les moissonneurs les scient avec la *faucille*, les mettent en bottes attachées avec des liens de paille, les amoncellent en *meules* ou les portent dans des granges. On y prépare une *aire* assez vaste; les bottes déliées y sont battues; le *fléau* brise l'épi et force le grain à sortir de sa balle ou enveloppe; le *van* le sépare des balles; le *crible* le dégage des ordures qui restent, et on le porte au grenier, où l'on a soin de le garantir de l'humidité et de la piqûre des insectes.

A mesure que le besoin l'exige, on livre le grain au meunier, qui l'écrase sous la meule du moulin. Le *bluteau* sépare l'écorce de la farine; cette écorce s'appelle *son* et sert à divers usages.

La farine est le parenchyme ou la chair du grain. Pour en faire du pain, le boulanger la détrempe avec de l'eau et la pétrit avec les pieds ou les mains, en y ajoutant un peu de pâte fermentée, nommée *levain*. Le pain façonné est porté au four, où il reçoit le degré de cuisson nécessaire. Le *gluten*, que l'on sépare de la farine par le lavage, est le produit de la plantule; c'est sa partie nutritive. La fécule qui se précipite dans cette opération se nomme *amidon*; on la blanchit en la faisant séjourner dans un acide, et en la purgeant avec de l'alcool elle devient la poudre que l'on met sur les cheveux.

Outre ces propriétés, les céréales ont encore d'autres usages : leur chaume fait de la litière qui se convertit en fumier ; il sert aussi à couvrir les toits rustiques ; à tresser des paillassons, des nattes, des chapeaux, et à faire des cordes ; il prend bien la teinture ; on en fait des tableaux en placage et divers petits ouvrages de goût. La paille hachée est une nourriture pour les chevaux ; brûlée, c'est un excellent engrais. Les balles bourrent des oreillers et des couchettes; les grains fermentés fournissent des liqueurs enivrantes.

Le *froment* est la première et la plus importante des céréales. Ses tiges portent des épis dont les grains ovales sont émoussés à leur extrémité, convexes d'un côté et sillonnés de l'autre.

Cette graminée rampante qu'on appelle chienden est une espèce de froment ; il ne peut servir qu'à faire des tisanes.

Le *seigle* se cultive dans les terres sablonneuses et légères. Ses épis sont barbus et penchés ; son chaume est plus long que celui du froment ; ses grains sont plus noirâtres et plus cylindriques. On sème souvent dans une même terre du seigle et du froment ; ce mélange se nomme *méteil*. On ne sème quelquefois le seigle que pour le faucher en vert et faire des prairies artificielles. C'est une excellente pâture pour les bestiaux.

L'*orge* porte des épis garnis d'une longue barbe. Sa farine, en la mêlant avec celle du froment, fait un assez bon pain. Son grain est utile pour engraisser la volaille. Dépouillée de sa peau, c'est l'orge mondée; on la nomme perlée si on la prive aussi de ses extrémités. Ce grain sert principalement à faire la bière. Le brasseur, après l'avoir laissé tremper pour l'amollir, le laisse germer pour développer le corps sucré. On le réduit ensuite en une farine nommée malt ; on délaie ce malt dans de l'eau qu'on fait fermenter avec du houblon, et on l'enferme dans des tonneaux. L'écume qui s'élève pendant la fermentation secondaire qui s'y excite se nomme levain et sert à de nouvelles préparations.

Le *panis* a de fort grands épis qui contiennent des grains ronds, dont les oiseaux sont très-friands.

Le *millet* ressemble beaucoup au panis ; sa farine est très-nourrissante.

Le *riz* ressemble beaucoup au froment, mais il est plus grand et plus fort. Son grain est blanc et transparent. Il croît dans les lieux aquatiques et inondés. C'est la principale nourriture des peuples de l'Orient. Nous en faisons aussi un grand usage.

Le *maïs* pousse de fortes tiges et de longs épis dont les grains, jaunes, rouges ou violets, sont gros comme des pois. Sa tige contient un suc dont on peut faire un sirop très-doux ; quand elle est sèche, on en tisse des paniers. Les grains verts se mangent de plusieurs manières : secs, ils sont bons pour engraisser la volaille ; réduits en farine, on en fait du pain, des bouillies, des gâteaux, etc.

L'*avoine* a un épi lâche qui flotte au gré des vents. C'est principalement pour l'usage des bêtes de somme qu'on la cultive. Le grain dépouillé de son enveloppe se nomme gruau. On en prépare du pain, des bouillies et des boissons rafraîchissantes.

L'*ivraie* a le grain rougeâtre et plus menu que celui du froment, avec lequel on le trouve souvent mêlé. Il a une qualité enivrante.

Les *plantes fourragères*, cultivées pour l'aliment journalier des bestiaux et des bêtes de somme, sont *annuelles*, *bisannuelles* ou *vivaces*.

*Annuelles* : les vesces, jarosses, pois, farrouch, spergule, lupin.

*Bisannuelles* : les trèfles, lupuline.

*Vivaces* : les sainfoins, luzerne, rai-gras.

*Plantes industrielles.* Je n'indiquerai que celles dont l'usage est le plus généralement adopté, en y joignant quelques objets de commerce, productions végétales peut-être inconnues de mes lectrices.

Parmi les plantes oléifères, c'est-à-dire dont on retire l'huile, on distingue l'olivier ; son fruit exprimé donne la meilleure huile, celle qu'on emploie habituellement dans l'art culinaire. L'huile ordinaire ou commune s'extrait des fruits du pavot, du noyer, du chou colza, de l'amandier, du hêtre, du ben, etc. Ces deux dernières ont la propriété de se conserver longtemps sans rancir ; on s'en sert dans la parfumerie.

Comme textiles, les plantes les plus en usage sont :

Le *chanvre*; lorsqu'il a été récolté on le bat pour en tirer la graine. On le fait rouir dans l'eau ; et cette opération dissout la substance gommeuse qui agglutine les fibres. Quand le chanvre a été bien roui, on le lave et on le fait sécher au soleil, en évitant la vapeur malfaisante qu'il répand. Les filaments longitudinaux que produit l'écorce du chanvre forment une filasse qui se prépare pour être filée ou tissée.

Le *lin;* il se cultive quelquefois dans les jardins pour l'agrément de sa fleur. Sa culture est la même que celle du chanvre, il se prépare aussi de la même manière ; mais tandis que le premier s'emploie pour les cordages et toiles grossières, le lin se file pour tisser des toiles fines et dentelles.

Le *cotonnier;* c'est un grand arbre à fleurs jaunes,

auxquelles succède un fruit qui contient des semences noires enveloppées dans du coton. C'est celui dont on fait des mousselines, tissus, etc. Le cotonnier croît dans l'Inde et dans l'Amérique.

Les plantes tinctoriales ou employées dans la teinture sont en si grand nombre qu'on n'indique ici que les plus communes.

La *garance*, dont la racine donne la couleur dite rouge du Levant ou d'Andrinople.

Le *safran*, dont on recueille avec soin les stigmates qui se vendent sous le nom de safran oriental ; ils donnent la couleur jaune et rouge ponceau.

Le *nerprun*, dont les baies donnent une couleur jaune. Leur suc mêlé à l'alun et séché dans des vessies donne aux arts le vert de vessie.

Le *croton tinctorium* ou tournesol des teinturiers donne la teinture dite bleu de tournesol.

L'*écorce de garou* teint en jaune; jointe à l'isaris pastel des Alpes, elle donne une couleur verte.

L'*écorce de l'aulne* remplace la noix de galle [1] pour la teinture noire.

L'*orseille*, sorte de lichen, qui, préparé avec de l'urine, donne la belle couleur pourpre.

L'*indigotier* donne une fécule connue sous le nom d'indigo, fréquemment employée.

---

[1] La *noix de galle*, si fort en usage, est une sorte d'excroissance qui naît au Levant sur les tiges et les feuilles du chêne.

Le *kermès* est un insecte qui naît dans les rameaux d'une espèce de chêne. La *cochenille* est également un ver particulier à une plante (le cactus caccinellifer). Ces deux productions donnent aux teinturiers la belle couleur écarlate.

La *gomme laque*, dont on fait de si beaux vernis, est produite par le croton lacciferum, originaire d'Amérique.

Parmi les végétaux exotiques, les plus célèbres sont les suivants :

L'*arundo saccharum* ou canne à sucre. Il croît dans les Indes; sa culture demande beaucoup de soins et un temps très-long; car ce n'est qu'après seize mois de végétation qu'il atteint sa maturité. La canne a pu s'élever alors à la hauteur de six à sept pieds; sa grosseur est d'un à deux pouces, offrant dans sa longueur, à des distances variables, des anneaux ou étranglements d'où part une grande feuille, longue, étroite, recouverte par de petits poils fins ou piquants. La tige de ce roseau est terminée par une touffe de feuilles disposées en éventail. Pour en faire la récolte, on commence par couper la touffe supérieure qu'on rejette; puis on coupe un ou deux pieds de la canne : c'est le plant de l'année suivante; on coupe ensuite ce qui reste près de la racine : c'est ce qui doit fournir le sucre. Ces tiges ou cannes écrasées sous le moulin donnent un sucre appelé *vesou*. Après l'avoir fait bouillir dans des chaudières, on l'écume, et il prend le nom de sirop; cuit davantage, il devient une masse solide, nommée *moscouade* ou sucre brut. On le raffine en le faisant cuire avec du sang de bœuf ou du noir animal, et en le mettant dans des cônes de terre renversés, dont le sommet est percé et dont la base est couverte d'une argile humectée; l'eau, pénétrant dans tous les intervalles, emporte les impuretés. On casse ces pains de sucre en morceaux; c'est ce qui s'appelle cassonnade. Cette matière est traitée de la même manière dans les raffineries d'Europe, et c'est par de pareils procédés qu'on obtient le beau sucre blanc. La liqueur qui n'a pu se cristalliser s'appelle *mélasse*.

Le *caféier* est originaire de l'Arabie et naturalisé dans

les îles de l'Amérique. Son fruit est une baie rouge de la grosseur d'une petite cerise, divisée en deux loges qui renferment chacune une graine aplatie, marquée sur une de ses faces d'un sillon longitudinal et convexe de l'autre. C'est l'infusion de ces semences mondées, torréfiées et pulvérisées, qui constitue la boisson agréable et tonique à laquelle nous donnons le nom de café. On appelle les enveloppes ou coques de café *fleurs de café*; et l'on prépare, avec ces coques concassées, une infusion connue sous le nom de *café à la sultane*.

A l'époque où le café devint d'un usage presque général en France, il trouva quelques antagonistes. Plusieurs génies se rangèrent aussi parmi ses défenseurs; et Delille, qui en faisait un usage journalier, lui dut sans doute ces jolis vers :

C'est toi, divin café dont l'aimable liqueur,
Sans altérer la tête, épanouit le cœur :
Aussi, quand mon palais est émoussé par l'âge,
Avec plaisir encor je goûte ton breuvage.
Que j'aime à préparer ton nectar précieux !
Nul n'usurpe chez moi ce soin délicieux.
Sur le réchaud brûlant, moi seul, tournant ta graine,
A l'or de ta couleur fais succéder l'ébène ;
Moi seul, contre la noix qu'arment ses dents de fer,
Je fais en le broyant crier ton fruit amer.
Charmé de ton parfum, c'est moi seul qui dans l'onde
Infuse à mon foyer ta poussière féconde ;
Qui tour à tour calmant, excitant tes bouillons,
Suis d'un œil attentif tes légers tourbillons ;
Enfin de ta liqueur, lentement reposée,
Dans le vase fumant la lie est déposée.
Ma coupe, ton nectar, le miel américain,
Que du suc des roseaux exprima l'Africain,

Tout est prêt : du Japon l'émail reçoit tes ondes,
Et seul tu réunis les tribus des deux mondes.
Viens donc, divin nectar, viens donc, inspire-moi.
Je ne veux qu'un désert, mon Antigone et toi!
A peine j'ai senti ta vapeur odorante,
Soudain de ton climat la chaleur pénétrante
Réveille tous mes sens ; sans trouble, sans cahos,
Mes pensers plus nombreux accourent à grands flots.
Mon idée était triste, aride, dépouillée ;
Elle rit, elle sort richement habillée,
Et je crois, du génie éprouvant le réveil,
Boire dans chaque goutte un rayon du soleil.

Le *thé* appartient à un petit arbuste qui croît en Chine et au Japon ; on en distingue plusieurs sortes, dont les différences paraissent résulter du plus ou moins de soins qu'on prend en récoltant les feuilles, et du mode de leur dessication. La récolte des feuilles de thé se fait plusieurs fois par an. Pour les dessécher, on les expose à la vapeur de l'eau bouillante pendant quelques minutes ; ensuite on les fait passer sur des plaques de tôle légèrement chauffées ; et cette opération se réitère jusqu'à ce que les feuilles soient complétement sèches.

On vend, sous le nom de *thé de Flandre*, un thé qui a servi pour diverses préparations de la soie et du nankin ; on doit éviter d'en faire usage.

Ce qu'on appelle *thé d'Europe* est la véronique, dont l'odeur est agréable et la saveur analogue à celle du thé. On l'emploie comme ce dernier, sur lequel elle a l'avantage d'être moins échauffante.

Le *thé de Suisse* est un composé de diverses plantes aromatiques et vulnéraires.

La *vigne* est une plante grimpante dont la tige sarmenteuse et tortue est couverte d'une écorce rougeâtre et crevassée. Elle s'attache par ses vrilles à tous les corps qu'elle rencontre. Ses feuilles sont larges et découpées; ses fleurs, jaunâtres, à cinq pétales et à cinq étamines, naissent à leurs aisselles. Il leur succède des baies blanches ou rouges qui forment des grappes; c'est le raisin.

Cette plante vient de bouture; elle se taille et exige des soins. Quand le fruit est parvenu à sa maturité, on le vendange; ce qui a lieu ordinairement en septembre ou octobre. Les grappes recueillies sont portées dans la cuve, où on les foule avec les pieds. Lorsque la fermentation spiritueuse s'établit et que le marc surnage, à cause du gaz acide carbonique qui s'y développe, le raisin est suffisamment cuvé, et on le porte au pressoir qui en exprime tout le jus. Dans cet état on le nomme *moût* ou *vin doux*. On l'enferme dans des tonneaux non bouchés, où il subit une seconde fermentation et se purifie entièrement; on le met, au bout de quelque temps, dans des tonneaux bouchés, puis en bouteille, où il acquiert sa perfection [1].

Le vin passe à la fermentation acide; c'est ainsi que se fait le *vinaigre*. La distillation du vin produit l'*eau-de-vie*. Cette liqueur rectifiée, c'est-à-dire distillée de

---

[1] Les vignobles ne réussissent pas également en tous lieux. Pour qu'ils prospèrent, il faut qu'ils soient situés entre le 40° et le 50° degré de latitude, par conséquent vers les contrées tempérées du globe. L'Asie est proprement la patrie de la vigne; de là sa culture s'est étendue en Europe. Les Phéniciens, qui parcoururent les premiers les côtes de la Méditerranée, la portèrent dans la plupart des îles et sur le continent. Elle réussit merveilleusement dans les îles de l'Archipel, et fut dans la suite portée en Italie. La vigne se multiplia considérablement sous cet heureux climat; et les Gaulois, qui en avaient goûté la liqueur, passèrent les Alpes et allèrent la chercher sur les rives du Pô. Peu à peu la vigne fut cultivée dans toute la France, et enfin sur les bords du Rhin, du Necker et dans d'autres contrées de l'Allemagne.

nouveau, donne l'*esprit de vin*, nommé par les chimistes modernes *alcool*.

Parmi les productions végétales qui sont d'un grand usage dans le commerce, on remarque les suivantes :

La *cannelle*, écorce du cannelier (laurus cinnamomum), qui croît abondamment dans l'île de Ceylan.

La *muscade*, fruit aromatique du muscadier (myristica moschata), arbre des Moluques.

Le *poivre*, fruit piquant du piper, plante sarmenteuse des Indes.

La *vanille*, fruit du vanillier (epidendrum vanilla), plante parasite qui croît sur les arbres dans l'Amérique méridionale.

Le *girofle*, bouton de fleur desséchée du caryophyllus aromaticus, arbre des Moluques.

Le *cacao*, fruit du cacaoyer (theobroma cacao), arbre qui croît en Amérique. C'est la base principale du chocolat.

Le *tabac*, feuille séchée et préparée de la nicotiane (nicotiana tabacum), plante originaire des Antilles, aujourd'hui naturalisée en France.

La *moutarde* ou sénevé (sinapis nigra), très-grande plante produite par une graine très-petite. C'est avec cette graine qu'on prépare la farine de moutarde.

L'*opium*, suc épaissi qu'on retire du pavot somnifère qui croît en Orient.

Le *gingembre*, racine de l'amomum zingiber, plante indigène dans les Indes.

Le *gaïac* (guyacum officinale), grand et bel arbre des Indes et de l'Amérique. On se sert de son bois.

L'*encens*, résine du genévrier thurifère qui croît en Arabie.

Le *salep*, fécule nourrissante propre aux malades, et singulièrement appréciée des Orientaux. On l'extrait des bulbes de différents orchis.

Le *camphre*, sorte de gomme produite par le laurus camphora, arbre de l'Amérique.

Le *mastic*, c'est une résine qui découle du lentisque (terebinthus lentiscus), arbre des îles de l'Archipel.

La *gomme arabique;* elle se recueille aux Indes et en Amérique, sur une espèce d'acacia. La gomme adragante est produite par une stragale.

La *sandaraque*, si employée pour faciliter l'écriture, est une résine qui découle d'un genévrier.

L'*amadou*, c'est l'agaric du chêne qu'on fend et qu'on fait bouillir dans une dissolution de nitrate de potasse (salpêtre).

Le *liége*, c'est l'écorce d'un chêne qui croît dans les landes de la Gascogne.

L'*ébène*, c'est le bois du diospyros ebenus, qui croît à Madagascar.

L'*acajou*, c'est le bois du mahogon d'Amérique.

Le *bétel*, c'est un masticatoire composé ainsi qu'il suit : un quart de chaux vive, un quart de bétel, sorte de poivre très-piquant, et une demi-livre de noix d'arec, production des Indes [1].

La *soude*, c'est le sel alcali qu'on retire de la soude (salsola satura), plante qui croît sur les bords de la mer.

---

[1] Ce masticatoire est, en Orient, un objet de luxe et d'étiquette dont on fait grand usage. Il est si excitant qu'il corrode par degré la substance dentaire, au point que les personnes qui en mâchent habituellement sont privées, dès l'âge de vingt-cinq ans, de toute la partie des dents qui se trouve hors des gencives. Cet inconvénient n'empêche pas que son usage ne soit répandu dans toutes les îles de la mer des Indes.

Les *prairies*. On nomme *pâturages* ou *prés naturels*, les champs qui, d'eux-mêmes et sans culture, produisent différentes espèces d'herbes. Quelques-uns sont proches de l'eau, ou susceptibles d'être arrosés par des fossés ou réservoirs ménagés exprès ; leur herbe est grossière, mais ils en rapportent beaucoup. D'autres, situés sur des coteaux un peu élevés, donnent une moins grande quantité d'herbes, mais d'une meilleure qualité ; et c'est cette dernière qu'on recherche pour la nourriture des chevaux. La récolte de l'herbe des prairies se fait au mois de juin. On la fauche, on la fane ; et, séchée, elle prend le nom de foin. Quand elle ne conserve plus aucune humidité, on la met en meules ; enfin on la retire pour les besoins de l'hiver dans des greniers appelés granges.

Le nombre extrêmement varié des plantes que l'on trouve dans les prairies naturelles, la végétation vigoureuse des unes, la longue durée des autres, et l'avidité remarquable des animaux pour plusieurs d'entre elles, semblent avoir fait naître l'idée d'en cultiver quelques-unes séparément, et ont produit ce qu'on nomme *prairies artificielles* [1]. Ce genre de culture met le fermier à même de nourrir pendant toute l'année ses bestiaux à l'étable, où ils deviennent constamment plus beaux et fournissent une plus grande quantité de lait.

Ces avantages étaient connus des anciens, et surtout

---

[1] C'est par l'adoption des prairies artificielles que les Suisses, les Flamands et les Anglais surtout ont élevé leur agriculture à un degré de perfection inconnu au reste de l'Europe ; qu'ils sont parvenus à faire succéder sur le même sol, et toujours avec succès, un grand nombre de végétaux d'espèce et de nature différentes, et qu'ils ont établi, comme la base la plus précieuse de l'économie rurale, la méthode d'alterner ou des *assolements*.

des Romains, le premier de tous les peuples agriculteurs; ils cultivaient pour leurs troupeaux l'orge, l'avoine, la luzerne, le trèfle. Ce sont les végétaux les plus généralement estimés pour les prairies artificielles.

Les *vergers*. C'est un lieu destiné aux arbres en plein vent; car les fruits sont toujours plus fins et d'un meilleur goût lorsqu'ils viennent naturellement sur des arbres à hautes tiges; ce lieu est le verger. On y plante les espèces de poires dont la chair est fondante et qui seraient moins bonnes en espaliers. On y joint quelques amandiers, abricotiers et pruniers. C'est encore là qu'on réunit les différentes espèces de pommiers; enfin l'azérolier, le néflier, le coudrier, le coignassier, le mûrier noir et les cerisiers y trouvent aussi leur place pour donner des fruits dans chaque saison.

Les *bois*. On appelle ainsi une moyenne étendue de terrain plantée d'arbres. Ces bois peuvent être de *futaies* ou *taillis*, selon la direction qu'on leur donne. Les premiers ne se coupent qu'à de longs intervalles; les taillis s'exploitent au moins tous les dix ans.

Quand le terrain planté d'arbres a une grande étendue, il prend le nom de *forêts*; s'il n'a, au contraire, qu'une petite superficie, on le nomme *bosquet, bouquets, bocage, buissons* ou *garennes*[1].

Les *jardins*. On nomme jardin un espace de terre soigneusement cultivé; il y en a de plusieurs sortes qui se rapportent à ces deux genres : *jardins d'agrément, jardins potagers*. Ceux-ci sont les plus utiles et méritent une particulière attention. On se lasse facilement d'admirer et de parcourir des sites agréables,

[1] Voyez ces mots au Dictionnaire d'agriculture

on aime toujours à recueillir ; c'est ce qui a fait dire au chantre des jardins :

> Plantez donc pour cueillir ; que la grappe pendante,
> La pêche veloutée et la poire fondante,
> Tapissant de vos murs l'insipide blancheur,
> D'un suc délicieux vous offrent la douceur.
> Que sur l'ognon du Nil et sur la verte oseille
> En globes de rubis descende la groseille ;
> Que l'arbre offre à vos mains la pomme au teint vermeil
> Et l'abricot doré par les feux du soleil.
> A côté de vos fleurs aimez à voir éclore
> Et le chou panaché que la pourpre décore
> Et les navets sucrés que Freneuse a nourris, etc.

On partage assez ordinairement les plantes potagères en cinq ou six classes. 1° les *racines* : ce sont les raves, radis, salsifis, carottes, betteraves, scorsonères, pommes de terre, etc. ; 2° les *verdures*, telles que l'oseille, les épinards, les laitues, la chicorée, les choux, etc. ; 3° les *fournitures*, ainsi nommées parce qu'elles se mélangent avec les autres plantes en usage dans l'art culinaire, ce sont : le cresson, le cerfeuil, le persil, le pourpier, l'estragon, le fenouil, la pimprenelle, etc. ; 4° les *plantes fortes*, telles que les ognons, poireaux, ciboule, échalotes, aulx, etc. ; 5° les *fruits de terre*, comme melons, citrouilles, concombres, etc. On peut encore leur adjoindre l'artichaut, qui est le calice d'une fleur ; le chou-fleur, bouton avorté d'un autre ; la carde artichaut, le céleri, carde poirée, qui sont des côtes de feuilles, l'asperge, qui est une tige, etc.

La culture des plantes potagères est comprise dans l'*Art du bon jardinier* ; on peut y recourir si l'on désire quelques détails sur cette partie.

Les *jardins d'agrément* sont *réguliers* ou *paysagistes*; ce dernier genre, créé par les Chinois, en imitation de la belle nature, a été d'abord adopté par les Anglais, d'où il s'est répandu dans le reste de l'Europe. Ce genre est très-agréable et plaît généralement; mais, pour produire un grand effet, ces jardins demandent beaucoup de terrain et de grands frais; aussi sont-ils des objets de luxe et de dépense.

Les *jardins réguliers*, infiniment moins dispendieux, ne laissent pas d'avoir aussi leurs agréments. Ils ont un aspect plus brillant; on peut varier leurs formes, ménager des points de vue, diversifier les bosquets, et par le mélange des plantations, la beauté des allées, la richesse des collections végétales, égaler au moins le mérite des jardins paysagistes. Le site de la propriété, le goût et la fortune de l'amateur déterminent assez ordinairement le genre qu'il convient d'adopter. Delille a dit :

> Je ne décide point entre Kent [1] et Le Nôtre [2].
> L'un content d'un verger, d'un bocage, d'un bois,
> Dessine pour le sage, et l'autre pour les rois.

Puisque nous parlons des jardins, mes jeunes amies,

---

[1] Kent, fameux architecte et dessinateur, fut le premier qui, en Angleterre, tenta avec succès de remplacer dans les jardins le genre régulier par le genre libre. Les Anglais, dont on connaît la persévérance, ont poussé ce genre jusqu'à la perfection; et pour leur faire hommage, sans doute, nous avons donné leur nom à nos jardins chinois.

[2] Le Nôtre, non moins habile dessinateur que Kent, avait adopté le genre italien, qui était celui des jardins réguliers. C'est lui qui a dessiné le jardin des Tuileries, à Paris, de tout temps regardé comme un chef-d'œuvre.

je crois utile de vous donner quelques avis sur la culture des fleurs; cette occupation si douce et si attrayante, pour celles d'entre vous surtout, qui, habitant une grande ville, n'y peuvent jouir du plaisir des herborisations. A la campagne, il est facile d'étudier la botanique; et la moindre promenade offre des observations intéressantes; on rentre joyeusement quand on a découvert quelques plantes nouvelles pour enrichir son herbier. Mais vous qui ne pouvez observer que le développement des arbres qui ombragent ces régulières allées, dont l'art a changé le port et les habitudes, vous pouvez vous dédommager en cultivant dans un parterre ces jolis arbustes, ces plantes vivaces, qui vous donneront facilement des gerbes de fleurs pour embellir votre demeure.

Semez au printemps des plantes annuelles, telles que reines-marguerites, réséda, coréopsis, œillets de la Chine, etc.; à l'automne, vous aurez un émail éclatant. Plantez aussi des phlox, asters, chrysanthèmes, véroniques, cynoglosse bleue, etc.; des arbustes tels que lilas, corchores, jasmins, cerisiers à fleurs doubles, etc.; vous jouirez rapidement du plaisir de cueillir des touffes de fleurs; quand viendra ce mois que la piété des fidèles a consacré à honorer la sainte Mère de Dieu, il vous sera bien doux de déposer au pied de son autel le tribut de votre respect et de votre amour; vous jouirez doublement de lui offrir des fleurs qui auront été le fruit de vos soins.

Si votre fortune vous donne les moyens de vous livrer à la culture des plantes rares, soignez ces plantes délicates que d'intrépides voyageurs ont apportées des pays lointains, et que les soins d'habiles jardiniers ont presque naturalisées en France. Qui de vous n'a pas reçu, à la veille de sa fête, ces bouquets d'héliotropes, camélias, géraniums, azalées, et une infinité d'autres belles fleurs dont vous admirez les brillantes couleurs et le parfum exquis. Sans doute vous avez joui de leur éclat, mais qu'il a vite passé! Cultivez vous-même ces jolies plantes ; elles vous paieront bien des soins qu'elles exigeront de vous. Ne savez-vous pas que l'on n'obtient rien sans peine? et n'en prenez-vous pas chaque jour pour satisfaire aux caprices, aux fantaisies de la mode ?

Il est bon nombre de plantes exotiques dont la multiplication est très-facile, telles que les héliotropes, cinéraires, verveines, léonures, calcéolaires, sauges de plusieurs variétés, surtout des géraniums aux couleurs éclatantes, dont on possède aujourd'hui de si riches et si nombreuses collections. Il suffit, pour les multiplier, de couper une jeune branche, de la planter à l'ombre dans un petit pot et de l'arroser; au bout de peu de jours, la racine se forme, les feuilles poussent, et vous avez le plaisir de voir, avant la fin de l'année, votre plante se couvrir de fleurs. C'est ce qu'on appelle la multiplication par boutures, qui réussit pour le plus grand nombre d'arbustes. Pour d'autres on les obtient de graines, de marcottes ou de greffes. Le détail en serait trop long, mes jeunes amies ; et il est un livre dans lequel vous trouverez toutes les instructions nécessaires sur les moyens de reproduction, l'époque des semences, des boutures, la qualité de terre, et l'exposition qui convient aux diverses fleurs que vous cultiverez. L'*Almanach du bon jardinier* est un ouvrage précieux, où l'on peut puiser de profondes connaissances en horticulture, et surtout la manière de bien soigner les plantes exotiques.

Elles demandent une grande vigilance et des soins

assidus. Garantissez-les des rayons d'un soleil trop brûlant, qui, tout en flétrissant leurs vives couleurs, risque de les faire périr. Sans cesse il faut les arroser durant les chaleurs de l'été, les préserver de l'humidité après les grandes pluies; car la moindre négligence peut vous les enlever. L'hiver, il faut les rentrer dans la serre; et là, vos soins doivent redoubler; la gelée fait de si prompts ravages! Les insectes peuvent dévorer de jeunes tiges, la plus légère étourderie est perfide!

J'ai connu une jeune demoiselle qui, depuis plusieurs années, cultivait avec assiduité une charmante collection de géraniums, mimosas, daphnés, camélias, héliotropes et autres fleurs précieuses. Une serre bien disposée lui offrait un sûr abri contre la rigueur du froid; aussi elle était fière de la beauté, de la fraîcheur de ses plantes. Une partie de l'hiver s'était écoulée; pas une n'avait souffert; mais, vers la fin du carnaval, d'autres plaisirs firent négliger le soin de la serre; on la confia à un domestique qui la ferma bien plusieurs jours. Mais une nuit que le froid était excessif, il eut la négligence de laisser une croisée entr'ouverte!... Oh! qu'il fut triste le réveil du lendemain! ces plantes si vertes, si fraîches, elles semblaient cristallisées par la gelée et fanées; au premier rayon du soleil, elles se penchèrent sur leur tige flétrie. Vous dirai-je le chagrin, les regrets de la jeune imprudente, qui avait confié à des mains mercenaires le soin de ses chères fleurs? Elle pleura, je puis vous l'assurer; elle fit même plus, elle se désola et voulut renoncer à son occupation favorite. On eut bien de la peine à la consoler; elle perdait dans une nuit de si douces espérances!... Tant d'heures furent employées à soigner ces jolies plantes, à redresser leurs tiges flexibles, à les préserver du vent qui les aurait brisées, à éloigner les insectes nuisibles! Que de projets elle avait formés pour le printemps suivant! L'une devait être épanouie pour la fête de sa bonne mère; d'autres étaient destinées à de jeunes amies; et surtout, il y en avait de si belles qui devaient orner le saint autel au jour du jeudi saint!

Vous comprenez tous ces regrets, mes chers enfants, et combien furent douloureuses ces espérances détruites. Ne souffrons-nous pas, nous aussi, quand quelques-unes de vous s'écartent du sentier que nous avions pris tant de soin de leur tracer? N'employons-nous pas bien des heures, des années, à former votre cœur, à diriger votre esprit? Ne cherchons-nous pas à redresser vos défauts, à vous préserver du vent brûlant des passions et de la contagion du monde? N'éloignons-nous pas avec anxiété, de votre jeune inexpérience, ces insectes nuisibles qui peuvent si facilement pénétrer jusqu'à vos cœurs et y porter leur venin? N'êtes-vous pas destinées à faire le bonheur, la joie de vos familles, l'édification de vos amis, par les bons exemples que vous leur donnerez? Le parfum de vos vertus ne doit-il pas monter jusqu'au Seigneur? leur éclat ne doit-il pas contribuer à sa gloire? Enfin, ne devez-vous pas être un jour l'ornement du jardin de votre Père céleste?...

Hélas! souvent, après bien des années employées à former, à instruire votre jeunesse, lorsque vous nous donnez les plus douces, les plus riantes espérances, un seul instant suffit pour les détruire; confiées souvent à des mains inhabiles ou mercenaires, vous êtes victimes de l'imprudence de ceux qui vous dirigent; car toutes, mes chères enfants, n'ont pas le bonheur d'avoir une tendre mère, un père prudent et vertueux, et c'est à celles-là que je m'adresse.

Attachez-vous toujours aux plaisirs innocents; ceux que vous procurera la culture des fleurs vous donneront de nouvelles occasions de bénir Dieu dans ses ouvrages; votre âme s'élèvera avec plus de ferveur vers Celui qui vous accorde de si douces jouissances. Vous plantez, vous soignez, vous arrosez; mais souvenez-vous sans cesse que c'est Dieu seul qui donne la vie et l'accroissement aux plantes. Si les gens du monde vous vantent les prodiges de la culture, les succès extraordinaires qu'obtiennent d'habiles horticulteurs, ah! que votre cœur ne s'enfle pas de vanité. Voyez la main de Dieu qui soutient toute chose, et n'oubliez jamais que, sans lui, toute la science des hommes sera nulle et insuffisante.

Je crois vous faire plaisir en vous indiquant à peu près l'époque où l'on doit semer, planter, faire des boutures, etc.

JANVIER. — On peut planter à la fin de ce mois des anémones, renoncules, et même quelques ognons de fleurs, telles que jacinthes et tulipes.

FÉVRIER. — On sème sur couche et sous cloche des plantes d'une floraison tardive, telles que la sensitive, a pervenche de Madagascar, le datura fastuosa, le lotier Saint-Jacques, les amarantes, les quarantaines, etc.

MARS. — On replante les bordures, on sépare également les juliennes, œillets d'Espagne, lychnides, campanules, phlox et autres plantes vivaces; on sème les reines-marguerites, balsamines, quarantaines, séneçons des Indes, les crépis roses, belles de jour, nigelles de Damas, etc. Les tubéreuses peuvent se planter sur couche.

AVRIL. — On sème encore des plantes annuelles, des liserons, capucines, dahlias, belles de nuit, etc. On commence à faire sortir de l'orangerie les plantes les moins délicates; on plante les dahlias en séparant les tubercules. On peut faire quelques boutures d'arbrisseaux.

MAI. — On peut encore semer des fleurs d'automne, on commence à faire des boutures d'héliotrope, géranium, sauge éclatante, et autres plantes de serre.

JUIN. — On continue les boutures ; on fait des marcottes et des écussons à œil poussant d'églantiers ; on replante en place les fleurs d'automne, giroflées, reines-marguerites, balsamines, etc. Les ognons de fleurs doivent être déplantés à mesure que les fanes se dessèchent.

JUILLET. — Il faut beaucoup arroser dans ce mois, porter du côté du nord les arbustes qui craignent un soleil trop ardent. Vers le 15, on commence à marcotter les œillets.

AOUT. — On replante les couronnes impériales, perce-neige et autres ognons qui ne peuvent rester longtemps hors de terre. On sème, pour l'année suivante, les œillets, pieds d'alouette, pavots, immortelles, hardeaux, et autres fleurs qui peuvent supporter l'hiver.

SEPTEMBRE. — On peut encore semer de la quarantaine, des pavots, etc. A la fin du mois, replanter les jacinthes, anémones, renoncules, tulipes, etc.

OCTOBRE. — On replante des arbustes tels que lilas de Perse, corchores, et les plantes vivaces. On sépare les œilletons des œillets pour les mettre en pots. On rentre dans la serre les fleurs les plus délicates. On récolte les graines.

NOVEMBRE. — Rentrer dans la serre toutes les plantes

qui doivent y passer l'hiver, les bien examiner pour en éloigner les insectes, éviter l'humidité sur les feuilles, arroser avec modération. On peut encore planter quelques arbustes.

DÉCEMBRE. — Continuer les soins dans la serre, donner de l'air quand le soleil paraît, et fermer exactement tous les soirs. Couvrir les plantes dont les racines craignent la gelée.

# BOTANIQUE LITTÉRAIRE

Sans entrer dans les détails intéressants qui lient la botanique à la religion, à l'histoire, aux sciences et aux arts, il est aisé de faire juger en peu de mots le charme que les plantes et les fleurs prêtent à la poésie, à l'apologue et à la méditation. Nous aimons les images douces, gracieuses et mélancoliques ; elles portent dans notre âme je ne sais quelle émotion délicieuse qui lui plaît, lors même qu'elle contraste avec nos passions tumultueuses.

D'ailleurs, notre imagination, quelle que soit son activité, trouve dans les fleurs une éloquence qui la ravit. Leur variété, leur éclat, les attributs qu'on leur prête, les louanges qu'elles ont reçues, les vertus qu'elles inspirent suffiraient pour la fixer ; mais ce n'est pas tout encore : il est peu de plantes qui ne rappellent une glorieuse histoire ou un touchant souvenir. Ainsi le *myosotis*, ou *ne m'oubliez pas*, rappelle un ami malheureux victime de sa complaisance et qui mourut en prononçant ces mots. La *rose rouge* et la *rose blanche* rappellent cette fameuse dissension qui affligea si longtemps l'Angleterre lorsque les deux maisons royales d'Yorck et de Lancastre se disputaient le sceptre de ce royaume. En voyant *un champ de céréales*, on se souvient de l'antique simplicité de Cincinnatus; il laissa avec peine la charrue pour le consulat, et, couronné des lauriers de la victoire, il quitta sans regret la pourpre consulaire pour reprendre la labourage. Les travaux agricoles sont encore honorés par l'usage des empereurs chinois, qui vont chaque année, en grande pompe, tracer eux-même un sillon et semer quelques grains de riz.

Le *chêne* nous rappelle le premier des patriarches, qui reçut sous son ombre hospitalière les trois anges messagers célestes; et quel est le Français qui ne se souvienne du saint roi qui rendait la justice à ses peuples sous un chêne?

Le *cèdre* est illustre par son antiquité et les nombreuses allégories qui s'y rattachent [1]; le *saule du désert*, par la longue captivité des Hébreux et leurs gémissements sur les bords des fleuves de Babylone [2]; l'*oranger*, par sa beauté et la fable des Hespérides.

Les Druides ont immortalisé le *gui* en le mêlant à leurs barbares cérémonies, comme de nos jours les magiciens modernes ont préconisé la *verveine* en prêtant à la plus innocente des plantes des vertus magiques et merveilleuses.

Chez les Grecs, le *dictame* était célèbre, il guérissait toutes les blessures; chez les Romains, le *laurier* préser-

---

[1] Une des plus belles est celle de l'homme superbe :
J'ai vu l'impie adoré sur la terre ;
Pareil au cèdre, il cachait dans les cieux
  Son front audacieux ;
Il semblait à son gré gouverner le tonnerre
Et foulait à ses pieds ses ennemis vaincus.
Je n'ai fait que passer ; il n'était déjà plus.
                                         RACINE.

[2] Voyez le psaume *Super flumina*.

vait de la foudre; dans les sombres forêts de la Scandinavie, chaque *sapin* avait son nom et son histoire, et les harpes aériennes des bardes écossais ont fait assez connaître combien ils appréciaient leurs *chênes* antiques.

De nos jours le *lis* se rattache aux annales de la France comme le type de la monarchie héréditaire; sous la figure symbolique du *palmier* on représente encore la Judée. Les *roses de Saron* sont célébrées par les poëtes; la *vallisnérie*, la *sensitive*, la *parnassie*, par les physiologistes; les voyageurs parlent du *sassafras*, qui a contribué par son odeur agréable à la découverte de l'Amérique; du *baobab*, qui sauva la vie de Tournefort [1]; de l'*ophiose* serpentaire, comme du salut des Indiens [2]. Le *laurier* est encore l'emblème de la victoire; l'*olivier*, celui de la paix; l'*hyssope* nous dit d'être modeste; le *baume*, d'être vertueux. Enfin chaque plante est pour nous une amie qui tour à tour nous instruit, nous charme et nous console.

Afin d'achever ce court exposé des agréments littéraires de la botanique, nous joignons ici quelques exemples de descriptions, apologues et poésies légères de nos meilleurs auteurs; en admirant leur talent, nous rendrons hommage au règne végétal, dans lequel ils ont puisé leurs plus riantes images.

[1] Voyez la Flore médicale, art. *Boabab*.
[2] Nouveaux Voyages aux Indes.

## LES ROSES DE M. DE MALHESHERBES.

### ANECDOTE.

M. Lamoignon de Malesherbes, qu'il suffit de nommer pour désigner le ministre intègre, le savant modeste, le grand naturaliste et le meilleur des hommes, avait coutume de passer tous les ans, au beau château de Verneuil, près Versailles, une partie de l'été, pour se délasser des fonctions importantes qui lui étaient confiées. Parmi les occupations auxquelles se livrait cet homme célèbre, la culture des fleurs était celle à laquelle il s'adonnait particulièrement. Il prenait surtout un grand plaisir à soigner un bosquet de rosiers qu'il avait plantés lui-même dans une demi-lune de bois taillis, formant remise de chasse, qui se trouvait auprès du village de Verneuil.

De tous les rosiers qu'avait plantés M. de Malesherbes aucun n'avait trompé son espérance. Des buissons de roses, de différentes espèces, formaient, dans ce lieu agreste et solitaire, un contraste frappant avec les arbustes sauvages dont ils étaient environnés, attiraient tous les regards et produisaient une sensation aussi agréable qu'imprévue.

L'heureux cultivateur de ce bosquet charmant ne pouvait, malgré sa touchante modestie, s'empêcher d'être fier de ses succès. Il en parlait à tous ceux qui se présentaient au château de Verneuil et il les conduisait à ce qu'il appelait *sa solitude*. Il avait formé de ses mains un joli banc de gazon, et construit, avec de la terre et des branches d'arbres, une grotte où tantôt il se mettait à l'abri de la pluie, tantôt il préservait sa tête sexagénaire des rayons brûlants du soleil. C'est là que, Plutarque à la main, sa lecture favorite, il réfléchissait en paix sur les vicissitudes humaines, et récapitulait les événements qui avaient rempli sa carrière.

« Mais voyez donc, disait-il à toutes les personnes qu'il conduisait à cette solitude, comme tous ces rosiers sont frais et touffus. Ceux des jardins somptueux et les mieux cultivés n'ont pas des fleurs plus belles et plus abondantes. Ce qui m'étonne surtout, ajoutait-il avec transport, c'est que depuis plusieurs années que je cultive ces rosiers, je n'en ai pas perdu un seul ; jamais jardinier, quelque habile qu'il fût, n'eut la main plus heureuse que moi; aussi m'appelle-t-on dans ce village *Lamoignon les roses*, pour me distinguer de tous ceux de ma famille qui portent le même nom. »

Un jour que M. de Malesherbes s'était levé plus tôt qu'à l'ordinaire, il se rendit à son bosquet chéri, bien avant le lever du soleil. C'était vers la moitié du mois de juin, à peu près à l'époque du solstice, où les jours sont les plus longs de l'année. La matinée était délicieuse; un vent frais et une abondante rosée rafraîchissaient la terre desséchée par la chaleur de la veille. Les chants variés de mille et mille oiseaux formaient un concert ravissant que les échos multipliaient à l'infini et répétaient dans les montagnes; les prairies émaillées, les plantes aromatiques et la vigne en fleurs remplissaient l'atmosphère d'un parfum délicieux... En un mot, le printemps régnait encore, et l'été commençait à paraître.

M. de Malesherbes, assis près de sa grotte, comtemplait avec respect ce calme heureux d'une matinée des champs, ce réveil enchanteur de la nature. Soudain un bruit léger se fait entendre. Il croit d'abord que c'est la marche de quelque biche ou de quelque faon timide qui traverse le bois; il regarde, examine, et aperçoit à travers le feuillage une jeune fille qui, revenant de Verneuil, un pot au lait sur la tête, s'arrête devant une fontaine, y puise de l'eau dont elle remplit sa cruche, s'avance jusqu'au bosquet, l'arrose, retourne plusieurs fois à la fontaine, et, par ce moyen, dépose au pied de chaque rosier une quantité d'eau suffisante pour les ranimer tous. Le magistrat, qui, pendant ce temps, s'était tapi sur son banc de verdure pour ne pas interrompre la jeune laitière, la suivait des yeux avec avidité, ne sachant à quoi attribuer les soins empressés qu'elle donnait à ses rosiers. Cependant l'émotion et la curiosité attirèrent malgré lui le naturaliste vers la jeune inconnue, au moment où elle déposait au pied d'un rosier blanc sa dernière cruche d'eau.

Celle-ci, tressaillant, jette un cri de surprise à la vue de M. de Malesherbes, qui l'aborde aussitôt et lui demande qui lui a donné ordre d'arroser ainsi tout ce bosquet.

« Oh ! monseigneur, dit la jeune fille toute tremblante, j'nons que d'bonnes intentions, j'vous assure; j'ne suis pas la seule de ces cantons.. et c'est aujourd'hui mon tour.

— Comment, votre tour ?

— Oui, monseigneur, c'était hier à Lise, et c'est demain à Perrette.

— Expliquez-vous, jeune fille, je ne vous comprends pas.

— Puisque vous m'avez prise sur l'fait, j'ne pouvons

plus vous en faire un mystère, aussi ben j'ne voyons pas que ça puisse tant vous fâcher... Vous saurez donc, monseigneur, qu'vous ayant vu de nos champs planter vous-même et soigner ces beaux rosiers, j'nous sommes dit dans tous les hameaux des environs : Faut prouver à celui qui répand chaque jour tant de bienfaits parmi nous, et qui sait honorer si ben l'agriculture, qu'il n'a pas affaire à des ingrats; et puisqu'il se plaît tant à cultiver des fleurs, faut l'aider sans qu'il s'en doute. Pour ça, toute jeune fille, âgée de quinze ans, s'ra tenue, chacune à son tour, r'venant d'porter son lait à Versailles, de puiser l'eau à la fontaine qui est ici près, et d'arroser tous les matins, avant le lever du soleil, les rosiers d'not' ami, d'not' père à tous... Depuis quatre ans, monseigneur, j'n'avons pas manqué à ce devoir, et j'vous dirai même qu'c'est à qui d'nos jeunes filles atteindra sa quinzième année pour avoir l'honneur d'arroser et d'soigner les roses de M. de Malesherbes. »

Ce récit naïf et touchant fit une impression sur le ministre. Jamais il n'avait mieux senti la célébrité de son nom. « Je ne m'étonne plus, se disait-il avec ravissement, si mes rosiers sont si beaux !... »

Depuis la mort cruelle et prématurée de cet homme célèbre, on n'a pas cessé de cultiver le bosquet que planta sa main bienfaisante; et c'est encore à qui respectera *les roses de M. de Malesherbes.* »

J. N. BOUILLY.

## TOMBEAUX AÉRIENS.

### USAGES DE L'AMÉRIQUE.

La jeune mère se leva et chercha des yeux, dans le désert embelli par l'aurore, quelque arbre sur les branches duquel elle put exposer son fils. Elle choisit un érable à fleurs rouges, tout festonné de guirlandes d'apios, et qui exhalait les parfums les plus suaves. D'une main elle en abaissa les rameaux inférieurs, de l'autre elle y plaça le corps de son enfant; laissant alors échapper la branche, la branche retourna à sa position naturelle en emportant la dépouille de l'innocence cachée dans un feuillage odorant. Oh! que cette coutume indienne est touchante! Dans leurs tombeaux aériens, ces corps, pénétrés de la substance éthérée, enfoncés dans des touffes de verdure et de fleurs, rafraîchis par la rosée, embaumés par les brises, balancés par elles sur la même branche où le rossignol a bâti son nid et fait entendre sa plaintive mélodie, ces corps ont perdu ainsi toute la laideur du sépulcre. Mais, si c'est la dépouille d'une jeune fille que la main d'une amie a suspendue à l'arbre de la mort, si ce sont les restes d'un enfant chéri qu'une mère a placés dans la demeure des petits oiseaux, le charme redouble encore. Arbre américain, qui portes des corps dans tes rameaux et les éloignes du séjour des hommes en les rapprochant de celui de Dieu, je me suis arrêté en extase sous ton ombre. Dans ta sublime allégorie, tu me montrais l'arbre de la vertu : ses racines croissent dans la poussière de ce monde ; sa cime se perd dans les étoiles du firmament ; et ses rameaux sont les seuls échelons par où l'homme, voyageur sur ce globe, puisse monter de la terre au ciel.

CHATEAUBRIAND.

## DESCRIPTIONS.

### LA VALLÉE DE TEMPÉ.

C'est là que commence la vallée et que le fleuve est resserré entre le mont Ossa, qui se trouve à sa droite, et le mont Olympe, qui est à sa gauche, et dont la hauteur est d'un peu plus de dix stades...

Les montagnes sont couvertes de peupliers, de platanes, de frênes d'une beauté singulière. De leur pied jaillissent des sources d'une eau pure comme du cristal, et des intervalles qui séparent leurs sommets s'échappe un air frais que l'on respire avec une volupté secrète. Le fleuve présente partout un canal tranquille, et, dans certains endroits, il embrasse de petites îles dont il éternise la verdure. Des grottes percées dans le flanc des montagnes, des pièces de gazon placées aux deux côtés du fleuve, semblent être l'asile du repos et du plaisir. Ce qui nous étonnait le plus, était une certaine intelligence dans la distribution des ornements qui parent ces retraites. Ailleurs c'est l'art qui s'efforce d'imiter la nature ; ici l'on dirait que la nature veut imiter l'art. Les lauriers et différentes sortes d'arbrisseaux forment d'eux-mêmes des berceaux et des bosquets, et font un beau contraste avec les bosquets des bois placés au pied de l'Olympe. Les rochers sont tapissés d'une espèce de lierre, et les arbres, ornés de plantes qui serpentent autour de leur tronc, s'entrelacent dans leurs branches et tombent en festons et en guirlandes. Enfin tout présente en ces beaux lieux la décoration la plus riante. De tous côtés, l'œil semble respirer la fraîcheur, et l'âme recevoir un nouvel esprit de vie.

Les Grecs ont les sensations si vives, ils habitent un climat si chaud, qu'on ne doit pas être surpris des émotions qu'ils éprouvent à l'aspect et même au souvenir de cette belle vallée. Au tableau que je viens d'en ébaucher, il faut ajouter que dans le printemps elle est émaillée de fleurs, et qu'un nombre infini d'oiseaux y font entendre des chants que la solitude et la saison semblent rendre plus mélodieux et plus tendres.

BARTHÉLÉMY.

## LA GROTTE DE CALYPSO.

Cette grotte était taillée dans le roc en voûtes pleines de rocailles et de coquilles; elle était tapissée d'une jeune vigne qui étendait également ses branches souples de tous côtés. Les doux zéphirs conservaient en ce lieu, malgré les ardeurs du soleil, une délicieuse fraîcheur. Des fontaines, coulant avec un doux murmure sur des prés semés d'amaranthes et de violettes, formaient en divers lieux des bains aussi purs et aussi clairs que le cristal. Mille fleurs naissantes émaillaient les tapis verts dont la grotte était environnée; là on trouvait un bois de ces arbres touffus qui portent des pommes d'or et dont la fleur, qui se renouvelle dans toutes les saisons, répand le plus doux de tous les parfums. Ce bois semblait couronner ces belles prairies et formait une nuit que les rayons du soleil ne pouvaient percer. Là, on n'entendait jamais que le chant des oiseaux, ou le bruit d'un ruisseau qui, se précipitant du haut du rocher, tombait à gros bouillons pleins d'écume et s'enfuyait au travers de la prairie.

FÉNELON.

## LE LIS ET LA ROSE.

Pour me montrer le caractère d'une fleur, les botanistes me la font voir sèche, décolorée et étendue dans un herbier. Est-ce dans cet état que je reconnaîtrais un lis? N'est-ce pas au bord d'un ruisseau, élevant au milieu des herbes sa tige auguste, et réfléchissant dans les eaux ses beaux calices plus blancs que l'ivoire, que j'admirerai le roi des vallées? Sa blancheur incomparable n'est-elle pas encore plus éclatante quand elle est mouchetée, comme des gouttes de corail, par de petits scarabées écarlates, hémisphériques, piquetés de noir, qui y cherchent presque toujours un asile?... Qui est-ce qui peut reconnaître dans une rose sèche la reine des fleurs? Pour qu'elle soit un objet digne de la philosophie, il faut la voir lorsque, sortant des fentes d'un rocher humide, elle brille sur sa propre verdure, que le zéphir la balance sur sa tige hérissée d'épines et que l'aurore l'a couverte de pleurs. Souvent une cantharide nichée dans sa corolle en relève le carmin par son vert d'émeraude; c'est alors que cette fleur semble nous dire que, symbole des plaisirs par ses charmes et par sa rapidité, elle porte comme eux le danger autour d'elle et le repentir dans son sein.

BERNARDIN DE SAINT-PIERRE.

## HARMONIE DES PLANTES AVEC DIFFÉRENTS SOLS

. . . . . Tout sol n'est pas propice à toute plante.
Le saule aime une eau vive, et l'aulne une eau dormante ;
Le frêne veut plonger dans un coteau pierreux ;
Au bord riant des eaux les myrthes sont heureux ;
Le soleil sur les monts suit la grappe dorée,
Et l'if s'épanouit au souffle de Borée.
De l'aurore au couchant parcourons l'univers,
Les différents climats ont des arbres divers.
Chez l'Arabe l'encens embaume au loin la plaine ;
Sur les rives du Gange on voit noircir l'ébène.
Là d'un tendre duvet les arbres sont blanchis ;
Ici d'un fil doré les bois sont enrichis.
Le Nil du vert acanthe admire les feuillages ;
Le baume, heureux Jourdain, parfume tes rivages.
Et l'Inde, au bord des mers, voit monter ses forêts
Plus haut que ses archers ne font voler leurs traits.
Vois les arbres du Mède et son orange amère
Qui, lorsque la marâtre aux fils d'une autre mère
Verse le noir poison d'un breuvage enchanté,
Dans leur corps expirant rappelle la santé [1] :

[1] Citronnier. Athénée le regardait comme contre-poison, et raconte qu'un gouverneur d'Egypte avait condamné deux malfaiteurs à mourir de la morsure des serpents. Comme on les conduisait au supplice, une personne touchée de leur sort leur donna à manger quelques citrons ; ce qui les préserva du venin des serpents. Le gouverneur, étonné d'apprendre qu'ils n'étaient pas morts, demanda ce qu'ils avaient bu et mangé ce jour-là, et ayant appris que c'était des citrons, il ordonna qu'on en fît encore manger à l'un des deux condamnés : celui-ci fut sauvé, et son compagnon périt.

L'arbre égale en beauté celui que Phebus aime ;
S'il en avait l'odeur, c'est le laurier lui-même.
Sa feuille sans effort ne se peut arracher ;
Sa fleur résiste au doigt qui la veut détacher,
Et son suc du vieillard qui respire avec peine
Raffermit les poumons et parfume l'haleine.

DELILLE.

## LE CHÊNE ET LE ROSEAU.

### FABLE.

Le chêne un jour dit au roseau :
Vous avez bien sujet d'accuser la nature,
Un roitelet pour vous est un pesant fardeau.
    Le moindre vent qui d'aventure
    Fait rider la face de l'eau
    Vous oblige à baisser la tête.
Cependant que mon front, au Caucase pareil,
Non content d'arrêter les rayons du soleil,
    Brave l'effort de la tempête,
Tout vous est aquilon, tout me semble zéphir.
Encor si vous naissiez à l'abri du feuillage
    Dont je couvre le voisinage,
    Vous n'auriez pas tant à souffrir ;
    Je vous défendrais de l'orage.
    Mais vous naissez le plus souvent
Sur les humides bords des royaumes du vent ;
La nature envers vous me semble bien injuste.
— Votre compassion, lui répondit l'arbuste,
Part d'un bon naturel ; mais quittez ce souci.
Les vents me sont moins qu'à vous redoutables ;
Je plie et ne romps pas. Vous avez jusqu'ici
    Contre leurs coups épouvantables
    Résisté sans courber le dos ;

Mais attendons la fin. » Comme il disait ces mots,
Du bout de l'horizon accourt avec furie
  Le plus terrible des enfants
Que le Nord eut portés jusque-là dans ses flancs.
  L'arbre tient bon, le roseau plie,
  Le vent redouble ses efforts,
  Et fait si bien qu'il déracine
Celui de qui la tête au ciel était voisine
Et dont les pieds touchaient à l'empire des morts [1].

LA FONTAINE.

[1] Après une des plus jolies fables de La Fontaine, on n'ose pas en citer d'autres ; je mets celle-ci en note à cause de sa morale :

  Un beau jour de printemps, la jeune Éléonore
  Descendit au jardin pour cueillir un bouquet.
  Attirant ses regards, le jasmin et l'œillet
    La trouvaient incertaine encore ;
  Bientôt elle aperçoit dans le coin du bosquet
    La rose qui venait d'éclore ;
    Un bouton, doux présent de Flore,
    Par son charme l'embellissait.
  A ses pieds s'élevait une simple immortelle,
    Sans éclat comme sans odeur ;
  Moins vive que la rose, et peut-être moins belle,
    Elle plaisait par sa douceur.
    Éléonore aussitôt vole
  Vers l'endroit où les fleurs croissaient paisiblement,
    Et n'écoutant qu'un goût frivole,
  Elle choisit la rose et s'en pare à l'instant.
    Son attente fut bien trompée :
    La rose lui plaisait d'abord ;
    Mais bientôt elle fut fanée,
    L'immortelle était fraîche encore.

    Jeunesse, imprudente jeunesse,
    Tu préfères à la sagesse
    Un faux éclat qui te séduit.
    Apprends le sort qui te menace :
    Il est un âge où la beauté s'efface ;
    Mais la vertu jamais ne se détruit.

REYRE.

## LA CHUTE DES FEUILLES.

### ÉLÉGIE.

De la dépouille de nos bois
L'automne avait jonché la terre,
Le bocage était sans mystère,
Le rossignol était sans voix.
Triste et mourant à son aurore
Un jeune malade, à pas lents,
Parcourait une fois encore
Le bois cher à ses premiers ans.
« Bois que j'aime! adieu... je succombe,
Votre deuil me prédit mon sort;
Et dans chaque feuille qui tombe
Je vois un présage de mort.
Fatal oracle d'Epidaure,
Tu m'as dit : « Les feuilles des bois
» A tes yeux jauniront encore ;
» Mais c'est pour la dernière fois.
» L'éternel cyprès t'environne ;
» Plus pâle que la pâle automne,
» Tu t'inclines vers le tombeau;
» Ta jeunesse sera flétrie
» Avant l'herbe de la prairie,
» Avant les pampres du coteau. »
Et je meurs!... De leur sombre haleine
M'ont touché les sombres autans,
Et j'ai vu comme une ombre vaine
S'évanouir mon beau printemps.
Tombe, tombe, feuille éphémère !
Voile aux yeux ce triste chemin;
Cache à la douleur de ma mère
La place où je serai demain.
Mais vers la solitaire allée,
Si mon épouse échevelée
Venait pleurer quand le jour fuit,
Eveille par ton léger bruit

Mon ombre un instant consolée !
Il dit, s'éloigne... Et sans retour !...
La dernière feuille qui tombe
A signalé son dernier jour.
Sous le chêne on creusa sa tombe...
Mais son épouse ne vint pas
Visiter la pierre isolée ;
Et le pâtre de la vallée
Troubla seul du bruit de ses pas
Le silence du mausolée.   MILLEVOIE.

## LE JEUNE JARDINIER [1].

Amis, grandeurs, plaisirs, fortune et gloire,
Camps orageux, intrigues de la cour,
Trop vains objets, fuyez de ma mémoire ;
Je vous oublie en cet heureux séjour.

D'aimables soins ma vie est occupée ;
L'oisiveté m'était un lourd fardeau.
Qu'avec plaisir j'échangeai mon épée
Contre la bêche et le simple rateau !

Jeunes beautés, syrènes infidèles
De vos liens j'ai su me dégager.
Ici les fleurs autant que vous sont belles ;
Mais une rose enivre sans danger.

Lis éclatant, quelle magnificence !
Le Créateur t'a vêtu comme un roi.
Le souverain qui règne sur la France
Avec sa gloire est moins brillant que toi.

Aimables fleurs que vit naître l'aurore,
Avant le soir vous allez vous flétrir ;
Ornez l'autel du Maître que j'adore,
A son service il est doux de mourir.   M<sup>lle</sup> A. GORDON.

[1] Le jeune Adhélard, petit-fils de Charles Martel, quitta la cour pour se faire religieux et fut employé d'abord comme jardinier.

## LA VIOLETTE.

#### ROMANCE.

Aimable fille du printemps,
Timide amante des bocages,
Ton doux parfum charme nos sens,
Et tu sembles fuir mes hommages.

Semblable au bienfaiteur discret
Dont la main secourt l'indigence,
Tu nous présentes le bienfait
Et tu crains la reconnaissance.

Sans faste, sans admirateur,
Tu vis obscure, abandonnée,
Et l'œil cherche encore ta fleur
Quand l'odorat l'a devinée.

Pourquoi tes modestes couleurs
Au jour n'osent-elles paraître ?
Auprès de la reine des fleurs
Tu crains de t'éclipser peut-être ?

Rassure-toi, près de Vénus
Les Grâces nous plaisent encore ;
On aime l'éclat de Phébus
Et les doux rayons de l'Aurore.

N'attends pas les succès brillants
Qu'obtient la rose purpurine ;
Tu n'es pas la fleur des amants,
Mais aussi tu n'as pas d'épine.

Partage au moins avec ta sœur
Son triomphe et notre suffrage :
L'amour l'adopte pour sa fleur;
De l'amitié sois l'apanage.

Viens prendre place en nos jardins,
Quitte ce séjour solitaire ;
Je te promets tous les matins
Une onde pure et salutaire.

Que dis-je ? non, dans ces bosquets
Reste, violette chérie.
Heureux qui répand des bienfaits
Et comme toi cache sa vie !

DUBOS.

## LES FLEURS [1].

Parmi les dons que la nature
Etale à nos yeux chaque jour,
Les fleurs, sa plus belle parure,
Méritent nos soins, notre amour.
Et l'humble et fraîche violette,
De la rose doux précurseur,
Et l'œillet si cher au poëte
Ont un charme sûr et vainqueur.

Le Dieu bon qui les fit éclore
Pour l'innocent et le pervers,
Par leur éclat révèle encore
La main qui créa l'univers.
Et seul, le parfum qui s'élance
De leurs calices purs et frais
Atteste le pouvoir immense
De l'Auteur de tant de bienfaits.

Elles émaillent la prairie
Et sont reines de nos jardins,
L'une peint la coquetterie,
L'autre promet d'heureux destins.
La vierge avec amour contemple

[1] Chanson composée pour une fête linnéenne.

Ce lis, symbole de candeur :
Ainsi qu'elle, ornement du temple ;
Ainsi qu'elle, aimé du Seigneur.

Sous l'orme, appui de son enfance,
Le chèvrefeuille aime à s'ouvrir,
Et nous peint la reconnaissance
Dans un cœur qui sait la chérir.
Pour la jeunesse aveugle et vive
L'amandier balance sa fleur ;
Et la modestie sensitive
Garde sa feuille à la pudeur.

Sur les bords d'une eau transparente,
A l'ombre épaisse de nos bois,
Une fleur simple mais charmante
Me captiva plus d'une fois.
Tendres amis, lorsque l'absence
Vous retient sous sa dure loi,
Venez : ici pour la constance
Est le *souvenez-vous de moi*.

Au sommet de ces tours gothiques,
Que le temps mine sourdement,
Et qui furent des jours antiques
L'honneur, l'amour et l'ornement,
Grâce à la brise bocagère,
Peut-être au fougueux aquilon,
Le violier croît sur la pierre
Et rajeunit le vieux donjon.

Aimables amis de Linnée,
Accourez, venez les cueillir ;
C'est pour vous qu'en cette journée
Elles s'entr'ouvrent au zéphir.
Venez, la fleur est fugitive,
Craignez les surprises du temps.
Tout passe, et la douleur plaintive,
Et les heureux jours du printemps.

## VARIÉTÉS.

Fleur mourante et solitaire
Qui fus l'honneur du vallon,
Tes débris jonchent la terre,
Dispersés par l'aquilon.

La même faux nous moissonne ;
Nous cédons au même Dieu :
Une feuille t'abandonne ;
Un plaisir nous dit adieu.

L'homme, perdant sa chimère,
Se demande avec douleur
Quelle est la plus éphémère
De la vie ou de la fleur ?

—

La renoncule un jour dans un bouquet
Avec l'œillet se trouva réunie :
Elle eut le lendemain le parfum de l'œillet...
On ne peut que gagner en bonne compagnie.

BÉRANGER.

—

Ton écorce n'a plus d'odeur,
Ta feuille, hélas ! paraît flétrie :
Bel arbre, d'où vient ta langueur ?...
Je ne suis plus dans ma patrie.

E. GOSSE.

## LA GIROFLÉE DES MURAILLES.

Ton sort sera le mien, humble pariétaire,
Oui, toi, chère à mon cœur, qui, plus modeste encor,
Timide, dans les airs balances ton front d'or.
Aimable et tendre fleur! sur les plus hautes ruines,
L'autan, loin des humains, fait germer tes racines ;
Du ciel qui te sourit, vers ton sein virginal
Descend avec amour le rayon matinal ;
Lui seul transmet d'en haut à tes jeunes calices
Les sucs vivifiants et les ondes propices,
La fraîcheur que la nuit se plaît à te verser,
Et les zéphyrs dont l'aile au soir vient te bercer.
Puis, quand septembre a fui, quand vient ton jour suprême,
Livrant aux aquilons ton brillant diadème,
Ta tête, que les vents se hâtent de flétrir,
Cède et sous l'œil de Dieu se penche pour mourir.
Nul autre n'a connu ton existence obscure ;
Pour lui seul, au printemps, a brillé ta parure ;
Ta faiblesse, ici-bas, n'a point eu d'autre appui,
Et tes parfums légers n'ont monté que vers lui.

M<sup>me</sup> FÉLICIE DAYZAC,
Dame de la maison royale de Saint-Denis.

—

## LES FLEURS.

Multipliez les fleurs, ornement du parterre ;
Oh! si la fable encor venait charmer la terre,
Ces fleurs reproduiraient, en s'animant pour nous,
Et la jeune beauté qui mourut sans époux,
Et le guerrier qui tombe à la fleur de son âge,
Et l'imprudent jeune homme épris de son image.
Renais dans l'hyacinthe, enfant aimé d'un dieu ;
Narcisse, à ta beauté dis un dernier adieu,
Penche-toi sur les eaux pour l'admirer encore.

D'un éclat varié que l'œillet se décore !
Et toi qui te cachas, plus humble que tes sœurs,
Violette, à mes pieds, verse au moins tes odeurs;
Que sous l'herbe, en tous lieux, ta pourpre se noircisse,
Et que la giroflée en montant s'épaississe !
Mariez le jasmin, le lilas, l'églantier,
Et surtout que la rose embaume le sentier...
O fleurs, en tous les temps, égayez ma retraite;
Et, plus heureux que moi, puisse un autre poëte
Peindre, sous des rayons frais comme vos couleurs,
Vos traits, vos doux instincts, vos sexes et vos mœurs.

DE FONTANES.

## MÊME SUJET.

Mais parmi tous ces plans, prodigués sans mesure,
Puis-je oublier les fleurs, luxe de la nature,
Les fleurs, son plus doux soin, les fleurs, berceau des fruits
Quelle forme élégante et quel frais coloris !
C'est l'azur, le rubis, l'opale, la topaze,
Tournés en globe, en frange, en diadème, en vase.
Les fleurs charment le goût, l'odorat et les yeux :
Dans les palais des rois, dans les temples des dieux,
Souvent l'or fastueux le cède à leurs guirlandes;
Amour ne reçoit point de plus douces offrandes.
Agréables encor, même dans leurs débris,
Nous changeons en parfum leurs feuillages flétris,
Odorante liqueur, pâte délicieuse,
Quel don ne vous fait pas leur sève précieuse !
Les fleurs du doux plaisir sont l'emblème riant.
Si j'en crois le récit des peuples d'Orient,
Pour donner un langage à ses douleurs secrètes,
Souvent plus d'un captif en fit ses interprètes;
En peignant par leur teinte ou l'espoir ou l'ennui,
Les fleurs interrogeaient et répondaient pour lui.

Pour rendre leurs contours, leur flexible souplesse,
Le marbre même semble emprunter leur mollesse ;
Le peintre les chérit ; sous les doigts du brodeur,
L'art n'en laisse au désir que regretter l'odeur,
Et dresse un piége adroit au papillon volage ;
Tant l'homme aime les fleurs jusque dans leur image !
Si les temps ne sont plus où, dans les jours de deuil,
Les fleurs suivaient les morts ou paraient leur cercueil ;
Si nous ne voyons plus, dans les jeux funéraires,
Les fleurs s'entrelacer aux urnes cinéraires,
La pastourelle encore en forme ses bouquets :
Elles parent nos fronts, parfument nos banquets,
Et parmi les cristaux, belles sans artifice,
De nos brillants desserts couronnent l'édifice.
Hôte aimable des champs, ce peuple quelquefois
Vient vivre parmi nous et se plaît sous nos toits,
Trompe l'hiver jaloux sous l'abri d'une serre,
Se mire dans les eaux et tapisse la terre ;
Et sur la mer, enfin, souvent aux matelots
Leur parfum présagea la terre et le repos.

DELILLE.

## MÉDITATION SUR LES FLEURS.

Chaque fleur paraît au moment qui lui a été prescrit. Le Créateur a exactement déterminé le temps où l'une doit développer ses feuilles, l'autre fleurir, une autre se faner. Par cette succession, elles nous donnent une superbe fête, composée de décorations qui se suivent dans un ordre réglé.

Vous avez vu d'abord la perce-neige sortir de la terre ; longtemps avant que les arbres se hasardassent à développer leurs feuilles, elle osa se montrer ; et, de toutes les plantes, elle fut la première et la seule qui charma les yeux de l'amateur curieux et empressé. Parut ensuite la fleur du safran ; mais timide, parce qu'elle était trop faible pour résister à l'impétuosité des vents. Avec elle se montrèrent l'aimable violette et la brillante primevère. Ces plantes, et quelques autres sur les montagnes, faisaient l'avant-garde de l'armée des fleurs ; et leur arrivée, si agréable par elle-même, avait encore le mérite de nous annoncer la venue prochaine d'une multitude de leurs aimables compagnes.

En effet, nous voyons après elle se montrer avec ordre les autres enfants de la nature : chaque mois étale les ornements qui lui sont propres. La tulipe commence à développer ses feuilles et ses fleurs. Bientôt la belle anémone formera un dôme en s'arrondissant ; la renoncule déploiera toute sa magnificence et charmera nos yeux par l'heureuse distribution de ses couleurs. Les couronnes impériales, les narcisses à bouquets, le muguet, le lilas, l'iris et la jonquille s'empressent à décorer les parterres. Dans le lointain, les arbres fruitiers mélangent les couleurs les plus tendres avec la verdure naissante et relèvent de toutes parts la beauté des jardins.

J'aperçois en même temps se développer le feuillage des rosiers : pour tenir le premier rang parmi l'aimable troupe des fleurs, leur reine va s'épanouir et étaler tous les agréments qui la distinguent. Il n'y a personne qui ne soit touché des charmes qu'elle offre à nos regards. Qui peut, sans éprouver une douce émotion, voir une rose entr'ouverte aux rayons du soleil levant, toute brillante des gouttes de rosée dont elle est chargée, et mollement agitée sur sa tige légère par le vent frais du matin ?

Les lis, les juliennes, les giroflées, les thlaspis, les

pavots accourent aux ordres de l'été, et l'œillet se montre avec toutes les grâces qui lui sont propres.

L'automne présente ensuite les pyramidales, les balsamines, les soleils, les tubéreuses, les amarantes, l'œillet d'Inde, les colchiques et cent autres espèces.

La fête continue sans interruption. Celui qui y préside offre sans cesse de nouvelles beautés, et prévient, par d'agréables changements, les dégoûts inséparables de l'uniformité. Enfin le triste hiver, ramenant les frimas, couvre d'un noir rideau toute la nature et nous en dérobe le spectacle; mais en nous faisant souhaiter le retour de la verdure et des fleurs, il procure quelque repos à la terre épuisée par tant de productions.

Arrêtons-nous ici, et réfléchissons sur les vues de sagesse et de bienfaisance qui se manifestent dans cette succession des fleurs. Si toutes paraissaient en même temps, nous serions privés des plaisirs que procurent ces changements agréables et successifs qui nous rendent la nature toujours nouvelle ; nous serions tantôt dans une excessive abondance, tantôt dans une entière disette : à peine aurions-nous le temps d'observer la moitié de leurs agréments que nous en serions privés. Mais comme chaque espèce a sa place et son temps marqués, nous pouvons les contempler à notre aise, les examiner, jouir à loisir de leurs charmes, et faire une plus ample connaissance avec elles. Si, d'ailleurs, elles ne se montraient pas tour à tour dans la saison qui leur convient, que de fleurs et de plantes périraient, exposées aux nuits froides que souvent on éprouve au printemps ! Où tant de millions d'animaux et d'insectes trouveraient-ils leur subsistance, si toutes elles fleurissaient, si toutes elles donnaient leurs fruits à la fois ?

Quelle bonté dans le Dieu de la nature, de combler ainsi l'homme de bienfaits sans cesse renaissants, et de ne pas se borner à multiplier ses grâces, mais de les rendre constantes et durables! Oui sans doute, il nous conduit par un chemin de fleurs, et partout elles naissent sous nos pas, afin que leur aspect adoucisse et charme en quelque sorte le pèlerinage de cette vie.

Le même ordre dans lequel se suivent les plantes et les fleurs, se remarque aussi dans l'espèce humaine. Chaque homme paraît sur la terre au lieu que l'Etre infiniment sage lui assigne et dans le temps qu'il a choisi pour son existence. Depuis le commencement du monde, les générations se succèdent régulièrement sur ce vaste théâtre. Des enfants naissent, des hommes croissent, des vieillards sont près de retourner dans la poussière; et tandis que l'on se prépare à se rendre utile, l'autre a déjà fini son rôle et sort de la scène. Qui sait quand la mort doit m'appeler moi-même?....

Ah! puissé-je quitter la vie d'une manière aussi honorable que les fleurs, dont l'existence a répandu tant de charmes dans le cercle étroit où elles étaient renfermées! Elles furent l'ornement des jardins et la joie de ceux qui les possédaient : leur mort a été moins triste, parce que leur vie fut agréable et utile. Que les gens de bien me regrettent! qu'ils aiment à se rappeler mon souvenir! qu'ils se disent l'un à l'autre, en pleurant sur ma tombe : « Hélas! pourquoi n'a-t-il pas vécu plus longtemps! »

COUSIN-DESPRÉAUX.

# BOTANIQUE AMUSANTE

## LE BOUQUET.

Toutes les leçons un peu graves sont terminées, mes jeunes amies ; je ne veux plus vous offrir que des fleurs, en couronner vos fronts et récompenser par là votre application et vos succès. Le laurier se décerne aux amis des arts ; le pamphre à la folie ; le lierre aux poëtes ; mais pour vous les fleurs semblent naître, et c'est à vous qu'elles sont destinées. Cueillez-les donc, chères élèves, jouissez des trésors qu'un tendre Père met à votre disposition ; tressez des guirlandes, choisissez vos couronnes, mais veillez surtout à ce que ces dernières ne se flétrissent pas entre vos mains.

Pour moi, qui vais bientôt quitter la plume et renoncer au plaisir de vous instruire, je veux, avant de vous dire adieu, vous donner aussi mon bouquet. Je l'offre à chacune de vous, et désire que l'Auteur de la nature trouve imprimés dans vos cœurs la candeur du lis, la beauté de la rose, la constance de l'immortelle, la simplicité de l'églantine, les agréments de l'œillet, et surtout la modestie de la violette.

## L'HERBORISATION.

Le jour vient, et la troupe arrive au rendez-vous.
Ce ne sont point ici de ces guerres barbares
Où les accents du cor et le bruit des fanfares
Epouvantent de loin les hôtes des forêts.
Paissez, jeunes chevreuils, sous vos ombrages frais;
Oiseaux, ne craignez rien; ces chasses innocentes
Ont pour objet les fleurs, les arbres et les plantes :
Et des prés et des bois, et des champs et des monts,
Le portefeuille avide attend déjà les dons.
On part : l'air du matin, la fraîcheur de l'aurore
Appellent à l'envi les disciples de Flore.
Jussieu marche à leur tête ; il parcourt avec eux
Du règne végétal les nourrissons nombreux.
Pour tenter leur savoir, quelquefois leur malice
De plusieurs végétaux compose un tout factice.
Le sage l'aperçoit, sourit avec bonté,
Et rend à chaque plant son débris emprunté.
Chacun dans sa recherche à l'envi se signale :
Etamine, pistil, et corolle et pétale,
On interroge tout. Parmi ces végétaux,
Les uns vous sont connus, d'autres vous sont nouveaux.
Vous voyez les premiers avec reconnaissance;
Vous voyez les seconds des yeux de l'espérance.
L'un est un vieil ami qu'on aime à retrouver;
L'autre est un inconnu que l'on doit éprouver.
Et quel plaisir encor, lorsque des objets rares,
Dont le sol, le climat et le ciel sont avares,
Rendus par votre attente encore plus précieux,
Par un heureux hasard se montrent à vos yeux!

. . . . . . . .

Mais le besoin commande un champêtre repas
Pour ranimer leur force et suspendre leurs pas.

C'est au bord des ruisseaux, des sources, des cascades ;
Bacchus se rafraîchit dans les eaux des Naïades.
Des arbres pour lambris, pour tableaux l'horizon,
Les oiseaux pour concerts, pour table le gazon.
Le laitage, les œufs, l'abricot, la cerise,
Et la fraise des bois que leurs mains ont conquise,
Voilà leurs simples mets ; grâce à leurs doux travaux,
Leur appétit insulte à tout l'art des Méots[1].
On fête, on chante Flore et l'antique Cybèle,
Eternellement jeune, éternellement belle.
Leurs discours ne sont pas tous ces riens si vantés,
Par la mode introduits, par la mode emportés,
Mais la grandeur d'un Dieu, mais sa bonté féconde,
La nature immortelle et les secrets du monde.

La troupe enfin se lève ; on vole de nouveau
Des bois à la prairie et des champs au coteau ;
Et le soir, dans l'herbier, dont les feuilles sont prêtes,
Chacun vient en triomphe apporter ses conquêtes.

DELILLE.

## L'HERBIER.

Au premier coup d'œil rien ne paraît facile comme la conservation des plantes desséchées ; et cependant rien n'est plus rare que de trouver un herbier en bon état. Il exige beaucoup de soin, non-seulement pour son arrangement, mais encore pour le préserver des attaques des insectes destructeurs. L'amateur ne doit jamais se lasser de le visiter et de réparer tous les mois au moins les dégâts qu'ils pourraient y avoir faits.

Lorsqu'on va herboriser pour se faire un herbier,

[1] Méot, célèbre restaurateur de Paris dans le siècle dernier.

on doit choisir l'instant ou le soleil a essuyé la rosée qui humecte les différentes parties des fleurs. En les cueillant, il faudra, autant que possible, choisir des échantillons qui posséderont tous les caractères génériques et spécifiques, c'est-à-dire fleurs et fruits, tiges, feuilles et racines. Cependant, comme la grosseur des individus rend très-souvent la chose impossible, on peut, dans ce cas, se contenter de la fleur avec quelques feuilles et un morceau de tige ou de branche; si la branche est ligneuse, on fera une incision longitudinale tout le long; on écartera l'écorce en la détachant du bois que l'on enlèvera avec la pointe du canif; mais on attendra, pour faire cette opération, que l'on soit arrivé chez soi. A mesure que l'on recueillera les plantes, on doit les déposer dans une boîte de ferblanc, avec la précaution de tourner toutes les racines du même côté; elles s'y conservent très-bien et même plusieurs jours sans se faner. Si l'herborisation s'étendait à une grande distance, et que l'on dût ne rentrer chez soi qu'au bout de quelques jours, on aurait le soin d'envelopper la racine de la plante que l'on veut conserver dans toute sa fraîcheur, avec un peu de mousse que l'on humecterait tous les soirs. Par ce moyen bien simple, j'ai conservé pendant quinze jours des fleurs très-délicates dans tout leur éclat.

Arrivé chez soi, on se procurera un bon nombre de feuilles de papier gris sans colle; on en placera cinq ou six sur un carton solide et bien uni, et l'on étendra une fleur dessus. Pour lui conserver une bonne attitude, on placera sur chacune de ses parties, à mesure qu'on les développera, de petites plaques ou pièces de cuivre. On les y laissera jusqu'à ce que la plante soit fanée et conserve son attitude sans être contrainte. Alors on enlèvera les plaques de cuivre, et on la couvrira de cinq ou six doubles de papier gris. On la mettra légèrement en presse, et on l'y laissera vingt-quatre heures. Si l'on n'avait pas de presse faite exprès pour cela, on pourrait la remplacer par le moyen d'une planche bien unie que l'on mettrait dessus et que l'on chargerait d'un corps lourd. Il faut que la plante ne soit pas assez pressée le premier jour pour être détériorée dans ses parties délicates et charnues.

Le lendemain, on regardera, et l'on remplacera par d'autres les feuilles de papier qui se sont emparées de son humidité. On étendra les pétales ou les feuilles qui auraient pris un faux pli ou qui se seraient crispées, et l'on remettra sous presse en serrant davantage. Chaque jour on fera la même opération, en augmentant toujours la pression jusqu'à parfaite dessiccation; alors, avec un pinceau doux et fin, on passera sur toutes ses parties une couche de la liqueur de sir Smith ; et lorsqu'elle sera sèche, on placera la plante sur une feuille épaisse de papier blanc; on l'y fixera à demeure, par le moyen de petites bandelettes de papier que l'on collera avec de la colle à bouche, et sur une desquelles on écrira le nom du genre et de l'espèce.

Lorsqu'on aura un assez grand nombre de végétaux ainsi préparés, on les réunira en un cahier que l'on mettra encore pendant deux jours sous la presse. Je crois inutile d'entrer dans des détails relativement au format que l'on doit donner à ces herbiers; le goût et l'intelligence en apprendront plus à l'amateur que tout ce qu'on pourrait lui dire. Je dois seulement faire observer que plus la dessication des fleurs sera rapide, moins elles perdront leur couleurs et plus leur conservation sera facile. On ne doit jamais déposer un herbier dans un endroit humide, sous peine de le voir se gâter en peu de temps.

Il existe des plantes qui se dessèchent difficilement, comme les sedums, les orchis; d'autres qu'il faut se hâter de placer sur les feuilles où elles doivent être fixées, comme certaines algues, certains fucus; d'autres enfin qu'on ne peut soumettre en aucune sorte à la dessiccation, comme les champignons, et qui se conservent à la manière des quadrupèdes ovipares; l'expérience les fera connaître, et avec un peu d'attention on atteindra promptement l'art de les conserver.

BOITARD.

## IMITEZ LES FLEURS.

Glycère la bouquetière excellait, dit-on, dans l'art de former des bouquets, et savait si bien mélanger ses fleurs qu'elles semblaient entre ses mains varier à l'infini. Pausias, jeune peintre, allait chaque jour étudier la nature près d'elle et cherchait à imiter son talent; longtemps il ne put l'atteindre; on ajoute même que souvent, de désespoir, il brisa ses pinceaux et déchira son travail. Mais que n'obtient pas la persévérance? Comme il venait sans cesse admirer Glycère et ses fleurs, il finit par la peindre au milieu de ses bouquets. Heureux triomphe du génie quand il est excité! Ce tableau fut parfait. Acheté au poids de l'or par Lucullus, il fit la gloire de son auteur et immortalisa la gracieuse bouquetière.

Jeunes amies, que le brillant succès de Pausias excite votre émulation; enviez son heureux talent et efforcez-vous de l'atteindre. Rien ne sied aux femmes comme la peinture des fleurs; c'est une occupation dans l'opulence, une distraction dans les peines secrètes de la vie, souvent une ressource dans l'adversité, et dans tous les temps un talent agréable. Si la Providence vous a privées des dispositions nécessaires pour manier le crayon ou le pinceau, il se présente encore à vous un autre genre de peinture : imitez la nature, et formez des bouquets avec la toile, la soie, les plumes, le verre, etc.; ou bien peignez avec l'aiguille, et qu'on admire sur votre métier les contours délicieux de la rose, les brillantes couleurs de la tulipe. Vous savez déjà que les productions des Gobelins rivalisent d'éclat et de mérite avec les meilleurs tableaux.

Par une ingénieuse adresse, on a dérobé depuis peu à la peinture quelques-uns de ses charmes, et la main la moins exercée peut encore s'amuser à représenter des marguerites et des dahlias. Etudiez ces secrets; travaillez souvent pour orner les autels, pour récréer une famille, pour offrir à des amis, à des bienfaiteurs, quelques légers tributs d'affection ou de reconnaissance. Les pauvres demandent aussi leur part; pensez à eux, et ces légers travaux vous mériteront plus tard des fleurs immortelles.

L'empire d'Orient est l'empire des roses.

C'est effectivement de l'Orient que nous sont parvenues les principales espèces de roses que l'on cultive en France, entre autres la rose du Bengale, qui porte encore le nom du sol qui la vit naître. Inodore parmi nous, les voyageurs racontent qu'elle répand aux Indes une odeur délicieuse et qu'on en retire l'eau de rose. Rien de plus simple que le procédé qu'on emploie pour extraire cette eau. Il suffit, dans ces climats brûlants, de placer une certaine quantité de pétales de roses sur un linge imprégné d'eau naturelle, et d'exposer le tout aux ardeurs du soleil. La chaleur de cet astre fait distiller les parties liquides et aromatiques de la rose; ce qui est l'eau de rose proprement dite. On obtient parmi nous le même résultat avec les pétales de la rose de Provins ou de tous les mois, en employant l'alambic.

La facilité que les Orientaux trouvent à recueillir l'eau de rose, donna lieu, dit-on, à une autre découverte. Voici comment on raconte le fait :

Une princesse du Mogol, disirant offrir à son époux une jouissance nouvelle, l'invita à se promener en nacelle sur un canal qu'elle avait fait remplir d'eau de rose. La chaleur du jour, le mouvement de la barque amenèrent à la surface de l'eau une substance que les officiers de la princesse eurent soin de recueillir : c'était l'huile essentielle de rose, que depuis ce jour on obtient par un procédé analogue.

Il est des fleurs qui contiennent peu de parties liquides; alors on extrait leur essence différemment.

Le procédé en fut, dit-on, découvert par une tête couronnée.

Quelques historiens racontent que l'impératrice Zoé, fille de Constantin VIII, malheureusement trop célèbre par sa vie criminelle, eut quelques instants de vertu pendant lesquels elle protégea les sciences et les beaux arts; ensuite, par une bizarrerie assez singulière, elle voulut essayer elle-même la pratique des arts mécaniques. N'ayant pas réussi, elle se rejeta du côté des fleurs, s'occupa de leur culture et surtout de recueillir leur arome. Bientôt les officiers du palais furent transformés en garçons parfumeurs, et les salons se changèrent en laboratoires où l'on ne trouvait que les objets nécessaires à la confection de ce nouvel art. La princesse, uniquement occupée de son objet, s'imagina d'alterner, au moyen de boîtes en fer-blanc préparées exprès, une toile de lin imprégnée d'huile inodore, et une couche de fleurs de jasmin d'environ deux pouces d'épaisseur qu'elle renouvelait soir et matin. Après quarante-huit heures, elle plaçait les toile de lin sous une presse, et l'huile qu'elles exprimaient avait tout le mérite et le parfum de l'*huile essentielle* ou *essence*.

Toujours, en Orient et dans le pays des roses, on a trouvé le secret ingénieux de les réduire en pâte odoriférante, dont on compose ensuite les objets de toilette. Cette substance, connue sous le nom de *pâte de sérail*, s'obtient de cette sorte : On recueille par un temps sec les pétales des roses de Provins, qu'on pile dans un mortier de fonte jusqu'à ce qu'ils soient réduits en une pâte noirâtre; lorsque cette pâte a acquis la couleur et la consistance nécessaires, on la façonne par le moyen de petits moules préparés à cet effet, et l'on en forme ensuite des colliers ou autres parures qui servent en négligé et conservent toujours une odeur agréable.

—

Vers la fin des repas, on présente souvent avec le café des liqueurs délicieuses qu'on pare des plus beaux titres ; elles doivent presque toutes leurs qualités à quelques plantes. Le talent de les confectionner est ce qu'on nomme l'art du liquoriste. Pour donner une teinture de cet art, je vais dire avec quelle proportion on obtient l'huile de rose ; c'est, je gage, la liqueur que préfèrent mes jeunes amies. En voici la recette : Prenez une livre de sirop de sucre blanc bien clarifié, une livre d'alcool à 36 degrés, deux livres d'eau de rivière, quatre gouttes d'essence de rose ; faites un oleosaccharum, dissolvez et filtrez. Si l'on désire colorer la liqueur, on le fait à volonté avec du carmin.

—

La confiture stomachique connue sous le nom de conserve de roses s'obtient en prenant six parties de sucre blanc et une de pétales de roses de Provins encore en bouton ; on réduit le sucre en sirop et l'on pile les roses ; le tout se mélange ensemble. Cette confiture se fait quelquefois à froid, c'est-à-dire sans cuisson. La conserve de fleurs d'orangers, antispasmodique par excellence, se fait de la même manière.

Aux jeux de la nature, joignez encore les vôtres.

La couleur des fleurs varie entre les mains des physiciens; je révèle ici quelques-uns de leurs secrets.

Rose changeante. Prenez une rose rouge ordinaire et entièrement épanouie; exposez-la à la vapeur du soufre en combustion, elle deviendra blanche : placez-la ensuite dans l'eau, au bout de quelques heures elle reprendra sa couleur.

Violettes changeantes. Pour colorer une violette en rouge, mouillez-la, et exposez-la à la vapeur du gaz acide hydro-chlorique; celle qu'on veut rendre verte, à la vapeur de l'ammoniaque; celle qu'on veut blanche, à l'action du chlore.

On obtient le même effet, en les trempant dans des solutions acides ou alkalines, ou bien dans des chlorures.

Les hyacinthes bleues et autres fleurs délicates varient leurs couleurs par les mêmes procédés.

Avec les feuilles du rosier, dont les ramifications sont extérieures et apparentes, on peut dessiner des guirlandes ou des bouquets en prenant leurs empreintes; ce qui se fait ainsi : — Les feuilles légèrement gommées se saupoudrent d'une poudre de couleur quelconque et s'arrangent ensuite sur le papier dans la disposition adoptée; on place le tout sous une presse et on l'en retire après quelques instants. On a baptisé ce jeu : *lithographie en trois minutes*. Peut-être pourrait-on, en étudiant ce procédé, dessiner toutes les feuilles d'après nature et même plusieurs plantes en entier. On suppléerait par là à l'herbier ou à l'album.

On sait qu'avec les feuilles de chêne, on s'amuse

quelquefois à former des chiffres ou des dessins sur une espèce de réseau. Ce jeu, auquel un bel esprit avait donné le nom fastueux de *foliomanie*, consiste à fixer sur une feuille, avec du papier découpé, le dessin que l'on désire conserver en plein; puis, avec une brosse ou de toute autre manière, on enlève le parenchyme de la feuille sur toutes les parties découvertes. Cet amusement peut aussi servir d'étude pour examiner la structure des feuilles et leurs nombreuses ramifications.

—

### ENCORE UN AUTRE AMUSEMENT.

« Vivre toujours à la campagne, disait Léa en soupirant, quelle triste vie ! » Il y avait à peine un mois qu'elle l'habitait lorsqu'elle tenait ce langage ; mais la pauvre enfant, n'ayant jamais aimé le travail ni l'étude, regrettait le bruit des voitures, les cris des marchands, les jongleurs, les nouvelles, les visites, enfin les plaisirs de la vie, et ne pouvait comprendre qu'on pût leur préférer quelque autre jouissance. Albert, son frère aîné, que l'étude de la médecine avait amené des sciences abstraites aux sciences pratiques, et qui, avec tout l'engouement de la jeunesse, ne rêvait que physique, botanique, histoire naturelle, s'amusait quelquefois à de petites experiences. Confident des gémissements de sa sœur et impatient de leurs répétitions, il l'en reprit un jour assez brusquement, et rejeta sur son indolence la principale cause de l'ennui qu'elle éprouvait : « Si tu savais t'occuper, lui disait-il, les journées te sembleraient courtes, et le séjour de la campagne te paraîtrait agréable. »

— Cela peut être, répondait langoureusement Léa; mais dans ce désert rien ne m'intéresse.

— Quoi! rien ne t'intéresse? reprit l'impétueux Albert, et que sont donc pour toi ces fruits que tu dérobes si volontiers à la vigilance du jardinier? »

Léa ayant avoué en rougissant qu'elle n'était pas insensible à la bonté d'une belle poire ou d'un bel abricot, son frère la prit par la main et la conduisit près d'un pêcher qu'il cultivait avec grand soin : il en détache un fruit et le présente à sa sœur. Sur le duvet de la pêche, généralement d'un vert pâle, le soleil avait tracé en couleur rose une espèce de couronne, au milieu de laquelle se trouvait écrit le nom de *Léa*. Agréablement surprise, elle voulut savoir d'où venait cette particularité qui lui parut tenir du prodige. Albert promit de la satisfaire, mais voulut auparavant qu'elle reprît ses études ordinaires en y joignant celle de la botanique. « Les fruits, disait-il, viennent après les fleurs, et la récompense n'est due qu'au travail. »

Pour vous, mon enfant, qui avez étudié d'ennuyeuses nomenclatures, les fruits doivent vous être accordés, et voici le procédé d'Albert.

Lorsqu'une pêche se trouvait exposée à l'ardeur du soleil, il la préservait de la pluie et la couvrait d'une feuille de papier, sur laquelle il avait découpé à jour le chiffre ou le nom qu'il désirait; et chaque matin, avant le lever du soleil, il humectait délicatement les parties découvertes. Avec un peu de soin et d'adresse, ce procédé réussit parfaitement sur les pêches et les pommes d'api.

# QUELQUES FLEURS

## L'AMANDIER.

Très-cultivé dans nos climats, l'amandier est un de nos plus jolis arbres. Il se couvre de fleurs lorsque la nature est encore en deuil, et produit un effet charmant dans nos jardins. Précurseur du printemps, il est aussi l'annonce du bonheur. Mais, trop empressé de paraître et de briller, l'amandier n'a souvent qu'un beau jour ; il succombe sous l'autan, et sa belle parure se change alors en rameaux flétris et glacés.

Ainsi, souvent une imprudente jeunesse, séduite par l'attrait du plaisir, se hâte de goûter ces fruits qui semblent si doux, et meurt avant d'en jouir.

L'hiver dernier, lorsque de jeunes étourdies se paraient pour le bal avec des fleurs naturelles [1], plusieurs peut-être se couronnèrent des premières fleurs du printemps. Une d'elles (elle fait encore couler nos larmes) se livrait sans remords aux charmes de la danse, oubliant les conseils de la sagesse, les lois sévères de la modestie

---

[1] Ceci a été écrit en 1835. La personne dont il est parlé mourut en valsant, dans un bal donné aux Chartrons (quartier de Bx).

chrétienne, et s'enivrant du vain bonheur de plaire, elle consent à valser. Hélas! Dieu permet qu'elle succombe aux attraits d'un plaisir défendu, et elle meurt dans cet affreux moment.

Comme la branche d'amandier que le froid a saisie, elle ne portera plus ni fleurs ni fruits, et le jardinier l'a rejetée.

## L'ACANTHE.

Le Nil, du vert acanthe, admire le feuillage.

L'acanthe se plaît dans les pays chauds, le long des grands fleuves; cependant il croît facilement dans nos climats. On raconte qu'une jeune fille de Corinthe étant morte peu de jours avant un heureux mariage, sa nourrice désolée mit dans un panier divers objets que cette jeune fille avait aimés, le plaça près de sa tombe, sur un pied d'acanthe, et le couvrit d'une large tuile pour préserver ce qu'il contenait. Au printemps suivant, l'acanthe poussa; ses larges feuilles entourèrent le panier; mais arrêtées par la tuile, elles se recourbèrent et s'arrondirent vers leur extrémité. Près de là passa un architecte nommé Callimaque; il admira cette décoration champêtre et résolut d'ajouter à la colonne corinthienne la belle forme qui s'offrait à lui.

## L'ARMOISE.

Armoise, herbe Saint-Jean, tu portes bon encontre.

« Aimable fleur, je n'ai point oublié que tu protégeas
» mon enfance dans ces temps heureux où ma bonne
» gouvernante venait, la veille de la Saint-Jean, me
» parer en secret d'une couronne d'Armoise. En m'em-
» brassant elle me disait : Chère enfant, te voilà pré-
» servée par mes soins de tous malheurs, de toutes
» souffrances, des malins esprits et de la méchanceté
» des hommes. Je répondais par des caresses à ses soins,
» et mon jeune cœur s'ouvrait à la confiance. Ah! que
» ne puis-je encore, parée d'une simple guirlande de
» fleurs, opposer une innocente superstition aux dou-
» leurs de la vie! » C'est ainsi qu'un aimable auteur [1] nous conte un usage du bon vieil âge, qui s'es
perpétué dans nos hameaux.

L'armoise, en latin *artemisia*, doit, dit-on, ce nom
à Artemise, épouse de Mausole, roi de Carie. Chez les
Grecs, elle était consacrée à Diane et se nommait *fleur
des vierges*. Aujourd'hui elle est encore dans nos villages
l'herbe Saint-Jean, porte bonheur et délivre des
spectres. Parmi les personnes sensées, c'est une herbe
utile, fréquemment employée en médecine.

[1] Madame Charlotte Latour.

## L'AMARANTE.

*Comme elle, nous ne devons pas mourir.*

Cette fleur est le dernier présent de l'automne. M. Dubos, après avoir regretté la fuite rapide du printemps, a chanté avec sa grâce ordinaire cette jolie fleur, dont l'aspect nous console des rigueurs de l'hiver.

> Je t'aperçois, belle et noble amarante !
> Tu viens m'offrir, pour calmer mes douleurs,
> De ton velours la richesse éclatante :
> Ainsi la main de l'amitié constante,
> Quand tout nous fuit vient essuyer nos pleurs.
>
> Ton doux aspect de ma lyre plaintive
> A ranimé les accords languissants :
> Dernier tribut de Flore fugitive,
> Elle nous lègue, avec ta fleur tardive,
> Le souvenir de ses premiers présents.

La reine Christine, qui voulut s'immortaliser en renonçant au trône pour cultiver les belles-lettres et la philosophie, institua l'ordre des chevaliers de l'Amarante.

L'académie des jeux floraux de Toulouse distribue, chaque année, pour prix, une amarante et une églantine d'or, une violette, un lis et un souci d'argent [1].

---

[1] Est-il rien de plus littéraire que l'académie des jeux floraux, si célèbre et si propre à exalter la brillante imagination des jeunes poëtes? Elle existait dès avant le quatorzième siècle, sous le nom de *Collége du gai savoir*, et elle devint surtout célèbre par la fête littéraire qu'elle commença à célébrer le 3 mai 1324. Elle languit pendant assez longtemps, et reprit son éclat vers la fin du

## CHÊNE.

Arbre des souvenirs.

Comme les anciens patriarches, dont la longévité nous paraît si surprenante, le chêne vit plusieurs siècles, et jusqu'à sa mort conserve sa verdure et tout son agrément. Sa vieillesse même ajoute à son mérite et rattache autour de lui mille tendres souvenirs. Témoin des jeux innocents de l'enfance, il devient le confident solitaire des peines de la vie. Heureux celui dont il voile la vertu.

Habitante d'une petite ville de province, Félicie R... venait d'atteindre sa dix-septième année. On sait qu'à cet âge tout est illusion ; la vie se présente comme un bouquet de fleurs : les cueillir, s'en parer, en jouir, telle est souvent toute la philosophie des jeunes personnes. Félicie pensait différemment. Elevée près d'une mère vertueuse, elle avait sucé de bonne heure les principes d'une piété solide, et si elle se félicita d'avoir

---

quinzième siècle, par les soins de Clémence Isaure, illustre dame toulousaine, dont Florian a chanté fort agréablement les prétendus malheurs. L'histoire ne les confirme pas, elle nous apprend seulement qu'elle vivait vers 1460 et qu'elle mourut à l'âge de cinquante ans. Toulouse possède plusieurs anciens monuments qui attestent l'existence de cette dame. Un registre qui commence à l'année 1513 en parle comme étant morte depuis peu de temps : « *Feue dame Clémence, de bonne mémoire.* » Clémence Isaure rétablit la fête du 3 mai, présida les jeux floraux et distribua les fleurs qui étaient les prix réservés aux vainqueurs. On célèbre encore chaque année cette aimable et touchante fête avec la même pompe et la même allégresse, et l'on distribue, sous le nom de Clémence Isaure, une amarante et une églantine d'or, une violette, un souci et un lis d'argent.

terminé ses études, d'avoir obtenu une certaine liberté, ce fut afin de se dévouer à toutes sortes de bonnes œuvres. Timide et modeste, le séjour de la ville nuisait à son zèle, elle n'y faisait de bien qu'en tremblant; mais lorsque les beaux jours la conduisaient à la campagne, elle devenait l'apôtre des ignorants, la consolatrice des malheureux, la mère des pauvres : aussi était-elle chérie dans le hameau qu'elle habitait. On se demandait souvent où elle puisait cette ardente charité; et en épiant ses actions, on s'aperçut que, soir et matin, souvent même pendant le jour, elle se dérobait derrière un bosquet, et à genoux au pied d'un gros chêne sur l'écorce duquel elle avait gravé une croix, elle adressait à Dieu de longues et ferventes prières.

Elle fut enlevée à sa famille dans le courant de cette même année, par une mort très-prompte, et quelques heures de souffrances suffirent pour terminer sa carrière. Elle prévint sa tendre mère de l'heure fatale qui devait les séparer, et à mesure que le temps s'écoulait on l'entendait répéter : « Je n'ai plus qu'une heure, un instant, une minute, et le ciel va s'ouvrir. »

Perdue pour la société dont elle eût fait l'agrément, Félicie ne fut point oubliée des indigents qu'elle avait assistés. Au village de Saint-Martin son nom est encore en bénédiction ; le chêne, inspirateur pieux, est encore le *chêne de Félicie*, et cette aimable enfant est proposée pour modèle aux jeunes personnes de son âge.

## LE COQUELICOT.

*Je calme toutes les peines.*

Les anciens Grecs, dont la religion était plus poétique que consolante, regardaient le sommeil comme le premier bien de la vie et le grand consolateur de tous les maux. Ils en avaient fait une divinité qu'ils représentaient couronnée de coquelicots, parce que cette fleur contenait, disait-on, un suc narcotique. Les naturalistes modernes ont placé le coquelicot parmi les béchiques, et n'accordent qu'au pavot somnifère la vertu calmante et assoupissante.

—

## L'ÉGLANTINE.

*L'églantine est la fleur que j'aime.*

Il existe dans quelques-unes de nos provinces un ancien usage qui date des premières années de la Gaule chrétienne, et que le peuple, toujours bizarre dans ses dévotions, conserve avec une sorte de vénération ; on l'appelle la mi-carême. Il consiste en une sorte d'orgie qu'on se permet au milieu du carême, comme pour faire trêve au jeûne de quarante jours établi dès les premiers temps de l'Eglise. Cette coutume antireligieuse a souvent provoqué la débauche ; une fois elle servit à faire briller la vertu.

C'était un beau jour de printemps, et une mère de

famille, pour procurer à ses enfants une soirée amusante, avait réuni plusieurs jeunes personnes. Les jardins devaient être le théâtre des jeux, et les bosquets, à peine feuillés, les salles de réunion. Déjà la troupe folâtre se dispersait et s'égarait dans les sentiers détournés des massifs; les ris bruyants annonçaient au loin la joie et la folie, lorsque tout à coup l'apparition d'un être surhumain glaça d'effroi nos jeunes étourdies. On s'appelle, on se groupe de loin pour examiner le spectre ambulant, et bientôt l'on reconnaît, en souriant, que, sous la grotesque figure qui avait tant épouvanté, était une bonne *mi-carême*, qui venait distribuer à l'assemblée ses paniers pleins de friandises. La gaieté redouble, et au travers des oranges et des sucreries, une voix propose des travestissements, et elle est applaudie; une seconde parle d'aller au spectacle, et la proposition s'adopte par la majorité. Pour subvenir aux nouvelles dépenses qu'on se propose, la légère Eugénie ouvre une souscription; elle court de l'une à l'autre, et s'arrête interdite devant Louise, qui n'avait pris aucune part à la délibération précédente. Louise, à peine âgée de seize ans, avait reçu une éducation chrétienne, et les frivolités du monde n'avaient point encore perverti son cœur. Sous les dehors d'une aimable simplicité, elle dérobait une vertu déjà mûre et, sans le vouloir, instruisait par son exemple. A la proposition de ses compagnes, elle ne répliqua rien, et se borna à leur proposer un dessin qu'elle venait de terminer et qu'elle se proposait de lotir en faveur d'une famille indigente. Le dessin, première page d'un album, représentait une églantine, au bas de laquelle elle avait écrit, à l'imitation du psaume : *Le plaisir passe comme la fleur des champs.*

Cette image parlante fut plus éloquente que ne l'eût été un long discours. Louise n'eut que quelques mots à ajouter, et les projets furent changés. Au lieu de profaner un temps consacré à la pénitence par des amusements trop dangereux pour n'être pas coupables, on s'occupa de la pauvre famille, et la soirée se termina par un acte de bienfaisance.

## LA FRAXINELLE.

### Emblème de la vertu.

La fraxinelle répand une odeur pénétrante, analogue à celle du citron, sans être aussi agréable. Cet arôme est dû à l'huile volatile contenue dans les glandes ou vésicules dont cette plante est chargée. Il résulte de cette disposition que la fraxinelle siége en quelque sorte au milieu d'un fluide éthéré qui, surtout à l'aurore et vers le crépuscule d'une belle journée d'été, s'enflamme à l'approche d'une bougie allumée, et offre le spectacle d'une auréole lumineuse qui n'endommage point la plante.

## L'HÉLIOTROPE.

*Le serpent se cache sous les fleurs*

L'héliotrope, fleur chérie des dames, nous vient du Pérou; elle fut apportée en France par Jussieu, en 1740, et cultivée dans le jardin du roi. Un des premiers bouquets de cette fleur fut offert à Marie Leckzinska épouse de Louis XV. On sait l'usage qu'en fit cette vertueuse princesse : elle ne l'eut pas plus tôt reçu, qu'elle en forma une couronne dont elle fit hommage à Jésus enfant.

Cette fleur, alors précieuse, est devenue commune, et son mérite est presque anéanti. Je désire qu'elle serve aujourd'hui de type à une leçon que je veux adresser à mes jeunes amies.

Les fleurs ont un langage qu'étudient avec soin les malheureuses victimes du luxe asiatique. Prisonnières perpétuelles, elles se communiquent leurs désirs, leurs chagrins, leurs sentiments, par le moyen d'emblèmes, et les fleurs sont souvent employées. Plusieurs des significations qu'elles leur accordent nous sont parvenues, et nous en citerons quelques-unes; mais ce langage, quelque ingénieux qu'il puisse être, doit être étranger à de jeunes chrétiennes. Celles-ci doivent admirer dans la nature ce qui en fait l'ornement, pour en rendre grâces à Dieu, et non pour en composer un langage mystérieux, toujours opposé à la simplicité de la vraie vertu.

Un aimable saint [1] auquel on demandait pourquoi il ne cueillait jamais de fleurs, répondit : « Elles embellissent la nature et ne doivent être consacrées qu'à son Auteur; ce serait les profaner que d'en faire un autre usage. »

A l'exemple de ce saint, je désirerais que mes élèves destinassent les fleurs à l'ornement des autels et non à leur propre parure. Qu'elles ne m'accusent pas de rigo-

[1] Saint Louis de Gonzague.

risme si je leur fais cette demande. Sainte Elisabeth, sur le trône, ne donnait-elle pas la même leçon à ses suivantes quand elle leur disait en refusant leurs guirlandes : « Comment pourrais-je me couronner de fleurs en pensant que Dieu a été couronné d'épines ? » Et si je leur interdis de porter des fleurs à la ceinture, si je leur recommande surtout de ne jamais accepter de fleurs d'aucun jeune homme, c'est une règle de modestie qui a pour but de les préserver des dangers qu'occasionne l'inexpérience : en voici un exemple.

Dans une nombreuse réunion, vers la fin d'un somptueux repas, et dans le moment où tous les convives s'égayaient ensemble, un bouquet d'héliotrope fut offert à Mlle R... Elle ignorait entièrement la signification de cette fleur, et avec beaucoup de simplicité, sans importance et sans réflexion, elle reçoit le bouquet et le place à sa ceinture. Tous les regards se tournent bientôt vers elle ; on sourit, on se parle, on la complimente même d'une brillante conquête. Interdite et confuse de se voir l'objet de l'attention générale, elle comprit alors son imprudence. Elle voulut jeter le bouquet, mais il n'était plus temps, l'impression était faite, et pendant la soirée elle eut à supporter, ce qui est affreux à une jeune personne vertueuse, le soupçon d'avoir compris et agréé un hommage adulateur [1].

Cette soirée fut une des dernières où Mlle R... parut ; le contact du monde, son air empoisonné ne l'enivra point ; heureuse d'avoir entrevu les piéges tendus à son innocence, elle ne s'y laissa plus prendre, et peu de temps après se consacra tout entière au Seigneur. Si

---

[1] Un bouquet d'héliotrope signifie en Asie : *Je vous aime avec délire*.

vous n'êtes point appelées à l'imiter, puissiez-vous du moins trouver dans la leçon qu'elle reçut en cette circonstance un salutaire préservatif, et apprendre par son exemple que dans le monde une jeune personne ne saurait être trop réservée dans ses jeux, trop circonspecte dans toute sa conduite.

—

## LE LIS.

*Il est le roi des fleurs, dont la rose est la reine.*

Le lis nous vient de la Syrie; il couronna le front de Salomon et fut une des premières fleurs consacrées à la gloire du Dieu d'Israël. Sa beauté a été célébrée par Notre-Seigneur lui-même : *Salomon, dans toute sa magnificence, ne fut jamais vêtu comme l'est un lis*, etc. ; et, poursuivant avec une admirable bonté cette comparaison, ce tendre Sauveur nous apprend qu'une providence maternelle veille sur nous et que nos moindres besoins lui sont connus.

Aux premiers siècles de la monarchie, cette fleur devint celles de nos rois; car d'antiques légendes nous apprennent que Clovis reçut d'un ange le lis céleste qui figura depuis dans les armoiries royales. Charlemagne voulait que les lis se trouvassent dans tous ses jardins; Louis VII en plaça sur son écu, sur son sceau, sur sa monnaie; Philippe-Auguste en parsema son étendard; et ce fut Charles V qui en fixa le nombre à trois.

Cette fleur nous rapporte la touchante et pieuse allégorie de saint Louis. Il portait une bague sur laquelle il avait fait représenter une croix, des lis, une marguerite, et dans l'intérieur de l'anneau se trouvait cette devise : HORS MA BAGUE PLUS D'AMOUR. Ce pieux monarque trouvait en effet dans son anneau l'emblème de tout ce qui lui était cher : DIEU, la France, et son épouse, Marguerite d'Anjou.

> Noble attribut de la puissance,
> Beau lis ! pour nous sois désormais
> Le gage heureux de l'abondance
> Et le symbole de la paix.
>
> DUBOS.

---

## LE LILAS.

### Premiers beaux jours.

Enfants de la nature, liés à son existence, nous éprouvons tour à tour les diverses impressions de ce qui nous entoure, et, sans pouvoir nous en défendre, nous sommes souvent heureux ou malheureux, tristes ou gais, selon les variations de l'atmosphère. Languissants sous le règne de la canicule, agiles sous le sagittaire, tristes et glacés pendant l'hiver, nous renaissons avec le printemps, et les premières fleurs nous donnent effectivement les premiers beaux jours. Ils durent peu; image de la vie où l'homme n'a qu'un printemps et ne compte que quelques jours heureux. On se rappelle à ce sujet le testament d'Abdérame III, qui régna sur une des plus belles portions de l'Europe et dont le nom se conserve encore avec les ruines de ses magnifiques palais. Il vécut de longues années, et avant de mourir il traça ces mots remarquables : « J'ai régné cinquante ans avec gloire, heureux dans ma famille, aimé de mes sujets, respecté de mes ennemis, j'ai vu combler tous mes désirs, réussir toutes mes entreprises ; j'ai goûté toutes les jouissances que l'amour, la fortune, la gloire et la puissance peuvent procurer, et j'ai calculé les jours où je me suis cru heureux : ils sont au nombre de quatorze. »

---

### LE LAURIER.

Le gloire mène au triomphe, la vertu mène au bonheur.

Ovide, dans ses métamorphoses, raconte qu'une jeune nymphe, nommée Daphné, fuyait Appollon; arrivée sur le bord du fleuve Pénée, elle invoqua son père et fut changée en laurier. On a supposé depuis qu'Apollon, dieu des vers, lui tint ce langage :

Puisque du Ciel la volonté jalouse
Ne permet pas que tu sois mon épouse,
Sois mon arbre du moins; que ton feuillage heureux
Enlace mon carquois, mon arc et mes cheveux.
Aux murs du Capitole, à ces brillantes fêtes
Où Rome étalera ses nombreuses conquêtes,
Tu seras des vainqueurs l'ornement et le prix.
Tes rameaux, respectés des foudres ennemis,
Du palais des Césars protégeront l'entrée ;
Et comme de mon front la jeunesse sacrée
N'éprouvera jamais les injures du temps,
Que ta feuille conserve un éternel printemps.

Le laurier, par la beauté de son port, par sa verdure perpétuelle et ses émanations balsamiques, a paru digne aux anciens Grecs d'être consacré au dieu de la poésie et des arts. On l'avait également destiné à ceindre le front des vainqueurs. Au rapport de Pline, on le plantait autour des palais des Césars et des pontifes; il avait aussi la réputation de garantir de la foudre les têtes couronnées de ses rameaux; et l'empereur Tibère, dans les temps d'orage, y cherchait un abri contre les effets du tonnerre. La couronne de laurier était devenue un des attributs d'Esculape, dieu de la médecine; symbole de la victoire, elle était la récompense des jeux olympiques de la Grèce. Au moyen-âge, elle a servi dans nos universités à couronner nos poëtes, les artistes et les savants distingués par de grands succès. Celle qui ceignit longtemps, dans nos écoles de médecine, la tête des jeunes docteurs, devait être faite avec les rameaux de cet arbre garnis de leurs fruits, *baccæ laurei,* ainsi que l'indiquent les titres de *bachelier*, *baccalauréat,* qu'on est étonné de voir renaître au $xix^e$ siècle, où tout se renouvelle.

### LA PETITE MARGUERITE.

Heureux le cœur où règne l'innocence!

Cette petite fleur charmante, une des premières qui parent nos vergers, est connue de tout le monde. Il n'est pas un enfant qui n'en ait formé un bouquet ou tressé une guirlande. Je l'ai vue devenir le symbole de la fidélité.

Un père de famille, à qui la Providence avait accordé de la fortune et d'aimables enfants, perdit, tout jeune encore, le premier de tous ses biens, une épouse qu'il chérissait tendrement. Peu après, sa fortune lui fut enlevée, et il eut encore le chagrin de voir tous ses enfants malheureux. Résigné comme un chrétien qui a placé son espérance en Dieu, il supporta ces divers coups sans murmure. Cependant son cœur ne s'ouvrait plus à la joie, l'hiver se passait sans un sourire, et en le voyant, on se disait : Il est malheureux. Au printemps, quand la marguerite ouvrait sa corolle, sa physionomie changeait d'expression, un doux sourire lui rappelait les jours de son bonheur, on eût dit qu'un ange consolateur lui était apparu. Souvent il portait cette fleur chérie à sa boutonnière, et ses amis, ayant deviné son emblème, sachant qu'elle lui retraçait le nom, les grâces et la touchante simplicité de son épouse, l'appelèrent *fleur de la fidélité.*

## LE MYRTHE.

Les bords de la Loire et de la Saône ont été souvent célébrés : ont-ils plus de mérites que les rives charmantes de la Mayenne? Des sites riants, une riche végétation, une sorte d'opulence agricole rendent ces bords délicieux ; et ce qui en augmente le charme, ce sont les mœurs pures et simples de ses habitants. On y retrouve des coutumes patriarcales qui se perpétuent d'âge en âge, comme pour apprendre au monde étonné que la vertu a des délices cachées, préférables à tout le faux prestige de la fortune et des grandeurs. Il en est une surtout dont le souvenir ne s'effacera jamais de mon cœur : celle de consacrer les plus belles époques de la vie par des bouquets de fleurs. Ces bouquets, après avoir servi d'ornement, se suspendent aux murs noircis de l'habitation; et c'est ainsi qu'on trouve, dans l'intérieur des chaumières, la nomenclature des beaux jours qui ont parsemé la vie de ces heureux mortels.

Dans une de ces vertueuses familles, deux enfants, le frère et la sœur, furent admis en même temps et pour la première fois au banquet eucharistique. Ce jour de bonheur si ardemment désiré, et pour lequel on s'était préparé avec soin, fut un jour de bénédiction. Il est si doux à des cœurs purs de s'unir à Dieu dans la sainte communion, qu'il est impossible de peindre cette jouissance, aussi distante de nos satisfactions terrestres que le ciel est éloigné de la terre. La mère de ces heureux enfants, en les parant pour le saint Sacrifice, n'oublia ni la modestie de leur état ni le bouquet de fête; il fut composé cette fois de myrthes, de roses et d'œillets.

Les saintes et augustes cérémonies de ce beau jour étant terminées, les enfants revinrent à la demeure paternelle et reçurent les tendres caresses de leurs parents. « Vos fleurs vont se faner, dit l'aïeul en les bénissant; qu'il n'en soit pas de même de votre ferveur; qu'elle croisse et affermisse votre vertu aussi longtemps que le myrthe de votre bouquet conservera sa fraîcheur!

Les enfants étonnés se regardèrent, et le vieillard ajouta en souriant : « Mettez en terre les deux branches de myrthe, elles porteront des fleurs et des fruits en leur temps; j'espère du Seigneur la même grâce pour mes enfants. »

La prédiction du bon père se vérifia. Les myrthes crûrent, ainsi que la piété des enfants. Fortifiée par les bons exemples de leurs parents, la vertu de ces bons enfants ne se démentit pas. La mort ayant enlevé les soutiens de cette famille, les deux enfants redoublèrent de zèle pour asurer le bonheur de leur mère; et pour subvenir aux nécessités de la vieillesse et de la maladie, ils furent obligés de faire le sacrifice de leurs arbustes chéris.

Vendus chèrement à un amateur, j'ai vu ces deux myrthes embellir sa demeure. La vertu est toujours le partage de leurs premiers possesseurs.

---

## L'OEILLET.

*Je paie les soins qu'on me donne*

Tout le monde sait que lorsque M<sup>lle</sup> de Scudéry visita Vincennes, on lui montra des œillets que le grand Condé s'était plu à cultiver pendant les jours de sa captivité, et qu'une heureuse inspiration lui fit dire agréablement :

> En voyant ces œillets qu'un illustre guerrier
> Arrosa d'une main qui gagnait des batailles,
> Souviens-toi qu'Apollon batissait des murailles,
> Et ne t'étonne plus que Mars soit jardinier.

## L'ORANGER.

*Donnez, donnez, et Dieu vous bénira.*

Toujours couvert de fleurs, de fruits et de verdure, l'oranger est semblable à un ami généreux qui prodigue ses bienfaits. Son éducation est difficile, par suite des accidents auxquels il est sujet; mais s'il dépasse ses premières et pénibles années, il vit des siècles. On cite, comme une preuve de la longévité de ces arbres, celui qui fut saisi en 1523 avec les meubles du connétable de Bourbon; il était déjà en France le plus bel arbre de son espèce, et on le croyait âgé de soixante-dix ans. Il a brillé longtemps à Versailles, il aurait actuellement trois cent soixante-dix-neuf ans. On montre à Fontainebleau plusieurs orangers qui étaient très-beaux du temps de François I$^{er}$. On en voit à Choisy qui ont appartenu à Catherine de Médicis.

On a donné le nom d'orangerie aux serres qui abritent en hiver les plantes exotiques, et l'on en a fait souvent des lieux de délices. Vers l'an 1780, lorsque le superbe Potemkin occupait le second poste de l'empire russe, il voulut donner à sa souveraine, Catherine II, un festin digne d'elle, et rassembla dans ses orangeries les plus belles fleurs et les meilleurs fruits de toutes les parties du monde. La cerise, l'ananas, l'abricot, la banane, le raisin et l'orange mûrirent exprès pour cette princesse, qui put un instant se croire transportée dans un pays magique, et rêver le bonheur sous des berceaux de myrthes et de magnolias. Le repas fut d'une somptuosité sans égale; l'histoire n'en a pas conservé le détail, mais elle nous a transmis que le seul potage coûta 30,000 fr ; et cette particularité doit faire juger le reste.

## LE CHARDON-CARDÈRE.

> Aux petits des oiseaux il donne leur pâture,
> Et sa bonté s'étend sur toute la nature.
>
> RACINE.

Si, dans un lieu désert, pierreux, aride, vous rencontrez le chardon-cardère, mes chers enfants, ne croyez point que cet humble végétal ait été relégué sur les rocs brûlés par le soleil parce que sa fleur était indigne d'orner un parterre : non ; la main divine qui jette des moissons de roses dans vos jardins, sème le chardon au désert pour des êtres charmants protégés du Ciel comme vous.

Remarquez ces feuilles qui embrassent la tige du chardon-cardère et se réunissent en forme de coupe : elles gardent l'eau de pluie et présentent aux oiseaux l'abreuvoir qui leur manque au milieu de cette plaine sablonneuse. Le réceptacle des fleurs, hérissé de piquants et formant la brosse naturelle dont se servent les bonnetiers, contient des graines défendues contre les insectes par les dards aigus de la plante : c'est un magasin de vivres à peu de distance de l'abreuvoir. Ces graines sont enveloppées d'un soyeux duvet avec lequel un petit favori de la Providence garnit l'intérieur de son nid. Quelle tendre prévoyance a rassemblé dans le même végétal tout ce qui pouvait être utile à un ihabitant de l'air! N'est-il pas juste que le chardon, instrument de la charité céleste, après avoir nourri ceux qui avaient faim, abreuvé ceux qui avaient soif et logé d'aimables petits pèlerins, leur ait fait donner le nom de *chardonnerets?*

## LA ROSE.

*Elle ne vit qu'un jour.*

> Fleur chère à tous les cœurs, elle pare à la fois
> Et le chaume du pauvre et le palais des rois
> Elle orne tous les ans la beauté la plus sage.
> Le prix de l'innocence en est aussi l'image.
> BOISJOLIN.

A cette fleur charmante se rattachent ordinairement les images les plus douces et les plus riantes. C'est la reine de nos jardins, l'emblème de la beauté, le symbole du bonheur : en poésie, elle couronne les jeux, les ris et les plaisirs. Elle est l'ornement de nos fêtes; elle se jette même sur nos tombeaux; mais sa plus noble destination est de récompenser la vertu ou de joncher les lieux que doit parcourir notre divin Sauveur. Sans doute l'Eglise a aimé de placer le triomphe de l'adorable Eucharistie dans la saison des roses. Il était juste que la plus belle de nos fleurs contribuât à la pompe de la plus auguste de nos cérémonies.

> Quel est ce grand concours? Et quel empressement
> Entraîne tout un peuple aux pieds du Dieu vivant?
> Pourquoi ces pavillons, ces bannières flottantes,
> Ces flambeaux, ces tapis, ces fleurs, ces riches tentes,
> Et ces hymnes divers, dont le sacré refrain
> Semble éveiller le bruit du bronze et de l'airain?
> Ah! c'est de l'Homme-Dieu la fête solennelle,
> Que tous les ans l'Eglise en ce jour renouvelle.
> Sous un dais rayonnant, de prêtres entouré,
> Il daigne se montrer hors du parvis sacré ;
> D'un pas majestueux, lentement il s'avance.

La trompette sonore annonce sa présence.
Des milliers de chrétiens, à cet auguste aspect,
Tombent à ses genoux, saisis d'un saint respect.
Dans les airs parfumés l'encens monte en nuage ;
Un chœur nombreux d'enfants vole sur son passage ;
Et vêtus d'un lin blanc, symbole de leurs cœurs,
Ils signalent sa marche en lui jetant des fleurs.
C'est à travers les flots d'une foule innombrable,
Et dans cet appareil pompeux et respectable,
Que ce Dieu de grandeur traverse la cité.
Mais toujours admirable en sa simplicité,
Plutôt que les palais, il bénit les chaumières,
Et, du pauvre et du riche accueillant les prières
Et les dons différents, sa main ouvre sur eux
Les trésors de la terre et les trésors des cieux.

## LE SOUCI.

### Fleur de la tristesse.

Tout le monde connaît cette fleur dorée qui est l'emblème des peines de l'âme. Dédaignée dans nos jardins, elle est abondamment parsemée sur la surface du globe et offre à l'observateur plusieurs singularités remarquables. On la voit fleurir toute l'année ; c'est pourquoi les Romains l'appelaient *fleur des calendes* ou de tous les mois. Ses fleurs ne sont ouvertes que depuis neuf heures du matin jusqu'à trois heures de l'après-midi ; elles se tournent toujours vers le soleil, et laissent échapper dans l'obscurité des étincelles phosphoriques, comme la capucine. On lui trouve encore une vertu hygrométrique, elle annonce les orages ; et les paysans disent : *Elle aime la pluie.*

Marguerite d'Orléans, aïeule d'Henri IV, avait pour devise un souci se tournant vers le soleil, et pour âme : *Je ne veux suivre que lui seul.* Cette vertueuse princesse entendait par cette devise, que toutes ses pensées, toutes ses affections se tournaient vers le ciel comme la fleur du souci vers le soleil.

>Souci simple et modeste, à la cour de Cypris,
>En vain sur toi la rose obtient toujours le prix ;
>Ta fleur, moins célébrée, a pour moi plus de charmes.
>L'aurore te forma de ses plus douces larmes.
>Dédaignant des cités les jardins fastueux,
>Tu te plais dans les champs, aimé des malheureux,
>Tu portes dans les cœurs ta douce rêverie ;
>Ton éclat plaît toujours à la mélancolie ;
>Et le sage Indien, pleurant sur un cercueil,
>De tes fraîches couleurs peint ses habits de deuil.

M. CHAUD.

---

### LE SAULE PLEUREUR OU DE BABYLONE.

>Nous suspendîmes nos cithares aux saules du désert.

On suppose gracieusement que le saule dont nous parlons pleure toujours sa patrie et qu'il ne peut se consoler loin d'elle. On en a fait l'arbre des regrets, et on l'associe au cyprès pour l'ornement des mausolées.

>Oui, de tous les maux de la vie,
>L'absence est le plus douloureux.
>Voilà pourquoi ces arbres malheureux
>Sont consacrés à la mélancolie.
>Saule cher et sacré, le deuil est ton partage ;
>Sois l'arbre des regrets et l'asile des pleurs ;
>Tel qu'un fidèle ami, sous ton discret ombrage
>Accueille et voile nos douleurs.

L. A. MARTIN.

## LE TOURNESOL DES JARDINIERS.

L'ambitieux l'imite.

Le tournesol nous vient du Pérou, où ses fleurs étaient honorées comme les images de l'astre du jour. Les vierges du soleil, dans leurs fêtes religieuses, portaient une couronne d'or qui représentait cette fleur immense qui étincelait encore dans leurs mains et sur leurs poitrines. Les Espagnols, étonnés de ce luxe, le furent bien davantage lorsqu'ils virent des champs entiers de maïs et de tournesols imités avec tant d'art, que l'or dont ils étaient faits fut ce qui parut le moins admirable à ces avides conquérants.

A cet éclat de l'or opposons la leçon qui fut faite à un sage.

On raconte que Pythès, riche Lydien, possédant plusieurs mines d'or, négligea la culture de ses terres pour s'occuper uniquement de l'extraction de ses mines. Sa femme, qui était pleine de sagesse et de bonté, lui fit un jour servir un souper dont tous les plats étaient d'or. « Je vous donne, lui dit-elle, la seule chose que vous cultivez ; on ne peut recueillir que ce que l'on sème. » Pythès comprit la leçon qui lui était adressée, et méprisant un bien qui nous rend avares et souvent injustes, il s'attacha à l'étude de la vertu et consacra ses richesses à faire des heureux.

## LE VIOLIER.

Fidèle au malheur.

Cette aimable fleur, la violette des murailles, aime les vieux murs et croît sans culture sur les chaumières et les tombeaux. Lorsque la terreur régnait sur la France, une population effrénée se précipita sur l'abbaye de Saint-Denis pour jeter au vent les cendres de nos rois. Ces malheureux, après avoir brisé les marbres sacrés, comme effrayés de leur sacrilége, allèrent en cacher les débris derrière le chœur de l'église, dans une cour obscure où la révolution les oublia. Un poëte, en allant visiter ce triste lieu, le trouva tout brillant d'une décoration inattendue. Les fleurs de la giroflée jaune couvraient ces murs isolés, et cette plante répandait des parfums si doux dans cette religieuse enceinte, qu'on eût dit qu'un pieux encens s'élevait vers le ciel. A cette vue, le poëte s'écria :

> Mais quelle est cette fleur que son instinct pieux,
> Sur l'aile du zéphir, amène dans ces lieux ?
> Quoi ! tu quittes le temple où vivent tes racines,
> Sensible giroflée, amante des ruines,
> Et ton tribut fidèle accompagne nos rois !
> Ah ! puisque la terreur a courbé sous ses lois
> Du lis infortuné la tige souveraine,
> Que nos jardins en deuil te choisissent pour reine ;
> Triomphe sans rivale, et que ta sainte fleur
> Croisse pour le tombeau, le trône et le malheur.
> 
> TRENEUIL.

## LA VIOLETTE.

Emblème du mérite, elle aime à se cacher.

>L'obscure violette, amante des gazons,
>Aux pleurs de la rosée entremêlant ses dons,
>Semble vouloir cacher, sous leurs voiles propices,
>D'un pudique parfum les discrètes délices.
>Pur emblème d'un cœur qui répand en secret
>Sur le malheur timide un modeste bienfait.
>
> BOISJOLIN.

On doit à la violette un savant botaniste, Jean Bertram, cultivateur dans la Pensylvanie. Cet homme, se livrant au labourage, rencontra une touffe de violettes, il en cueillit les fleurs, et cette circonstance décida du reste de sa vie. Il trouva une telle jouissance à examiner les moindres particularités de son bouquet, qu'il s'attacha à l'étude des plantes et devint botaniste.

En 1815, lorsque Napoléon aborda le sol français, il avait un bouquet de violettes qu'il distribua à ses amis : bientôt cette fleur devint le signe du ralliement et servit souvent les intérêts de l'exilé. Plus tard, lorsque Bonaparte n'eut plus à Sainte-Hélène que ses souvenirs, la violette croissait autour de sa demeure, et il aimait à la cultiver lui-même.

Une grand'maman qui voulait instruire sa petite-fille tout en l'amusant, lui adressait cette leçon :

>Vois, à travers cette épaisse verdure,
>La violette éviter ton regard;
>Son parfum charme, embellit la nature,
>Et cependant elle vit à l'écart.
>Imite-la; sois modeste comme elle,
>Secours la veuve, assiste l'orphelin,
>Et si tu veux paraître encor plus belle,
>Aux malheureux cache toujours ta main.

## L'ALBUM.

Pour la quinzième fois le soleil du 2 juin avait brillé pour Emilie ; elle s'éveillait heureuse ; c'était le jour de sa fête, et ses bons parents étaient dans l'usage de lui procurer à cette époque quelques récréations nouvelles. Après avoir assisté au saint sacrifice de la messe, qui devait se célébrer à son intention, et sanctifié par là une journée qui lui semblait si délicieuse, elle devait jouir en toute liberté des plaisirs de son âge et les varier à l'infini.

Occupée de ces riantes pensées, embellissant déjà son avenir de tout le prestige des illusions, Emilie trouva, sur sa table à toilette, des fleurs et au milieu d'elles un album richement orné. C'était le cadeau du grand-père. Chaque année ce digne vieillard donnait à sa chère petite-fille un nouveau gage de sa tendresse. Dans les premières années de son âge, c'étaient des poupées et des joujoux ; aux hochets de l'enfance s'étaient joints depuis peu quelques bijoux ; et les caprices de la mode promettaient au bon père une grande facilité de varier ses présents. Mais, d'un regard observateur, il avait cru découvrir en Emilie un germe secret de coquetterie, défaut si naturel aux femmes, et il en avait été alarmé. Indulgent pour les fautes de la jeunesse qui se trouvaient une suite de l'impétuosité de l'âge, il ne pouvait tolérer celles qui tendaient ouvertement à faire négliger les devoirs religieux et à substituer une vaine affection aux charmes d'une aimable modestie ; aussi voulut-il se hâter d'y remédier en donnant une agréable leçon à sa chère enfant. Elle s'attendait à recevoir pour sa fête une parure nouvelle ; elle trouva un livre. Il était rempli de fleurs parfaitement représentées, au bas desquelles se trouvaient quelques préceptes moraux. J'en ai fait l'extrait que je vais rapporter ici.

# L'ALBUM D'ÉMILIE

ou

## LES NOUVELLES LEÇONS DE LA NATURE

PAR UN BON PÈRE.

### A.

ABSINTHE [1]. (ABSENCE.)

Celui qui médit des absents ne doit point s'asseoir à ma table.

Traduction du distique écrit sur la table de S. Augustin.

ACACIA PUDIQUE. (PUDEUR.)

La femme sainte et remplie de pudeur est une grâce qui surpasse toute grâce.　　　　　　　Eccli. XXVI.

[1] L'emblème ordinaire des fleurs, ou les significations qu'on leur donne, se trouve entre les deux parenthèses.

### ACANTHE. (ART.)

Chaque ouvrier habile en son art prie en travaillant; il applique son âme aux travaux de son état et tâche d'y vivre selon la loi du Très-Haut. **Eccli. XXXVIII.**

### ACHILLÉE MILLE-FEUILLES. (GUERRE.)

On prépare un cheval pour le jour du combat, mais c'est le Seigneur qui sauve. **Prov. XVI.**

### ADOXA MUSQUÉE. (FAIBLESSE.)

Lorsque le sentiment de ma misère se réveille, et que ma raison me paraît obscurcie et couverte de ténèbres, je me cherche, et je tâche de me retrouver moi-même; car souvent, mon Dieu, je me sens si faible et si misérable, que je ne sais plus ce qu'est devenue votre servante, elle qui croyait avoir reçu de vous assez de grâces pour soutenir tous les orages et toutes les tempêtes du monde.
**Sainte Térèse.**

### AJONC. (JALOUSIE.)

La femme jalouse est la douleur et l'affliction du cœur. **Eccli. XXVI.**

### ALYSSE DES ROCHERS. (TRANQUILLITÉ.)

Quand une armée ennemie camperait autour de moi, mon cœur ne serait point effrayé. Le Seigneur est ma lumière et mon salut : qui pourrais-je craindre ?
**Ps. XXVI.**

### AMANDIER. (ÉTOURDERIE.)

L'étourdi répand tout ce qu'il a dans l'esprit; le sage ne se hâte pas et se réserve pour l'avenir. **Prov. XXIX.**

### AMARYLLIS. (FIERTÉ.)

L'humiliation suivra le superbe, et la gloire sera le partage de l'humble d'esprit. **Prov. XXIX.**

### ANACARDE. (PERFECTION.)

Soyez parfaits comme votre Père céleste est parfait.
S. Matth. v.

### ANCOLIE. (FOLIE.)

La folie est au cœur de l'enfant ; la verge de la discipline l'en chassera.
Prov. xvii.

### ANÉMONE. (SAGESSE.)

La sagesse est plus estimable que la force.
Sag. vi.

### ANÉMONE DES PRÉS. (MALADIE.)

Ne soyez point paresseux à visiter les malades, car c'est ainsi que vous vous affermirez dans la charité.
Eccli. vii.

### ASPHODÈLE. (RÉSURRECTION.)

Je sais que mon Rédempteur est vivant et que je ressusciterai au dernier jour.
Job, xix.

### AUBÉPINE. (JEUNESSE.)

Souvenez-vous de votre Créateur pendant les jours de votre jeunesse.
Eccl. xii.

## B.

### BAGUENAUDIER. (AMUSEMENT FRIVOLE.)

Les mondains ont dit : Faisons tomber le juste dans nos piéges, car il nous considère comme des gens qui ne s'amusent qu'à des niaiseries.
Sag. ii.

### BALSAMINE. (IMPATIENCE.)

L'impatience fait commettre des actes de folie.
Prov. xiv.

### BAOBAB. (GRANDEUR.)

Dieu n'a égard à la grandeur de personne; car il a fait également les grands et les petits, et il a soin de tous; mais les grands sont menacés des supplices les plus grands. Sag. vi.

### BASILIC. (HAINE.)

Il y a des justes et des sages ; leurs œuvres sont entre les mains de Dieu; et cependant l'homme ne sait s'il est digne d'amour ou de haine. Eccl. ix.

### BAUME. (GUÉRISON.)

Ce ne sont ni des plantes ni des fomentations qui les ont guéris; mais c'est votre parole, ô Seigneur, qui guérit toutes choses. Sag xvi.

### BELLADONE. (MÉCHANCETÉ.)

Pourquoi êtes-vous timides? n'avez-vous pas encore de foi? S. Marc. iv.

### BLUET. (FRANCHISE.)

Le Seigneur hait la langue amie du mensonge.
Prov. vi.

### BRIZE TREMBLANTE. (FRIVOLITÉ.)

Ne vous glorifiez point de votre parure; car les ouvrages du Très-Haut sont seuls admirables et glorieux, et ils sont cachés et invisibles. Eccl. xi.

### BUGLOSSE. (MENSONGE.)

Les lèvres menteuses sont en abomination au Seigneur, mais les personnes sincères lui sont agréables.
Prov. xii.

### BUGRANE. (OBSTACLE.)

La conquête du royaume du ciel vous présente de grands obstacles; c'est par de violents efforts qu'on les surmonte. S. Marc. xi.

## C.

### CAMPANULE. (RECONNAISSANCE.)

Vous tous qui craignez le Seigneur, venez, écoutez, et je vous raconterai les grandes choses qu'il a faites pour mon âme. Ps. LXV.

### CAPILLAIRE. (SECRET.)

Quiconque révèle les secrets de son ami perd sa confiance et ne doit plus s'attendre à trouver un ami selon son cœur. Eccl. XXVII.

### CAPUCINE. (DISCRÉTION.)

Parlez de vos affaires à un ami; n'en entretenez point un étranger. Prov. X.

### CENTAURÉE, *herbe du grand seigneur*. (FÉLICITÉ.)

Quand un homme est heureux, ses ennemis sont tristes; quand il est malheureux, on connaît quel est son ami. Eccl. XII.

### CERISIER. (BONNE ÉDUCATION.)

Le cœur des sages recherche l'instruction; la bouche des insensés se repaît d'ignorance. Prov. XV.

### CHARDON-CARDÈRE. (PROVIDENCE.)

Qui prépare à l'oiseau sa nourriture lorsque ses petits crient vers Dieu et vont errants n'ayant rien à manger?... Job. XXXVIII.

### CHICORÉE. (FRUGALITÉ.)

Une personne frugale jouit d'un sommeil salutaire; elle dort jusqu'au matin, et son âme se réjouit en elle-même. Eccl. XXXI.

### CHRYSANTHÈME BLANCHE. (CHASTETÉ.)

O quelle est belle la jeunesse chaste et noble ! sa mémoire est immortelle, car elle est connue de Dieu et des hommes; on l'imite lorsqu'elle est présente, on la

regrette quand elle se retire, et une éternelle couronne est le prix des combats qu'elle a livrés pour se conserver triomphante et pure.
Sag. IV.

### CIRCÉE. (SORTILÉGE.)

L'ensorcellement des niaiseries empêche de voir le bien.
Sag. IV.

### CLÉMATITE *toujours verte*. (PAUVRETÉ.)

Où la femme n'est point, soupire l'indigent.
Eccl. XXVI.

Celui qui ferme l'oreille au cri du pauvre criera lui-même et ne sera point écouté.
Prov. XXI.

### CLOCHETTE. (BAVARDAGE.)

Les longs discours ne sont point exempts de péché.
Prov. I.

### COSSE DE GENÊT. (HUMILITÉ.)

La prière d'un cœur qui s'humilie perce les nues; il ne se retire point que le Très-Haut ne l'ait regardé.
Eccl. XXXVI.

### CUSCUTE. (BASSESSE.)

Il en est qui s'abaissent d'une manière vicieuse et qui sont au fond remplis de tromperie.
Eccl. XIX.

### CYPRÈS. (DEUIL.)

Il vaut mieux aller à une maison de deuil qu'à une maison de festin; car, dans celle-là, on est averti de la fin de tous les hommes, et les vivants pensent alors à ce qui doit leur arriver un jour.
Eccl. VII.

### D.

### DAHLIA. (DÉSIR DE PLAIRE.)

Ne cherchez point pour ornement la frisure des cheveux, les bijoux, la richesse des habits, mais plutôt les dons du cœur et de l'esprit.
S. Pierre. I. Ep. III.

## DATURA. (CORRUPTION.)

Que la sagesse vous garde des femmes inconnues, à langage doux et flatteur. Prov. VII.

## E.

## ÉGLANTINE. (SIMPLICITÉ.)

La simplicité des justes les conduira heureusement.
Prov. XI.

## ENOTHÈRE A GRANDES FLEURS. (INCONSTANCE.)

Vous avez abandonné votre prochain, comme un oiseau qu'on tenait et qu'on laisse envoler : et vous ne le reprendrez plus. Il fuit comme une proie qui a rompu le filet ; car vous avez blessé son âme. Eccl. XXVII.

## ÉPHÉMÈRE DE VIRGINIE. (ATTRAITS DU JEUNE AGE.)

Au lever du soleil l'herbe se sèche, la fleur tombe et perd toute sa beauté. S. Jacq. I.

## F.

## FLEUR D'ORANGER. (BONTÉ.)

Elle a ouvert sa main à l'indigent, elle a étendu ses bras vers le pauvre. Prov. XXXI.

## FRAXINELLE. (COLÈRE.)

L'homme conserve sa colère contre un homme, et il ose demander à Dieu d'être guéri ! Il n'a pas de compassion pour son semblable, et il ose demander à Dieu miséricorde ! Quelle prière lui obtiendra le pardon de ses péchés ? Eccli. XXVIII.

## G.

## GENÉVRIER. (SALLE D'ASILE.)

Mon père et ma mère m'ont abandonné, mais le Seigneur m'a reçu entre ses bras. Ps. XXVI.

### GÉRANIUM. (CAUSTICITÉ.)

La malice du méchant retombera sur lui.    Prov. xi.

### GIROFLÉE. (DOUCEUR.)

Une parole douce apaise la colère.    Prov. xv.

### GRENADILLE BLEUE. (FOI.)

La foi subsistera éternellement.    Eccli. xl.

## H.

### HÉLIOTROPE. (OBJET ENIVRANT.)

O qu'il est admirable le calice enivrant du Seigneur.    Ps. xxii.

### HÉMÉROCALLE. (PRUDENCE.)

Travaillez à acquérir et la sagesse et la prudence.    Prov. iv.

### HERBE, *gazon*. (UTILITÉ.)

Dieu fait naître le gazon pour les animaux, et l'herbe pour le service de l'homme.    Ps. ciii.

### HORTENSIA. (FROIDEUR.)

Si vous n'aimez pas votre frère que vous voyez, comment aimerez-vous Dieu que vous ne voyez pas?    S. Jean. I. iv.

### HOUBLON. (INJUSTICE.)

Celui qui sème l'injustice moissonnera les maux.    Prov. xxii.

## I.

### IMMORTELLE. (PERSÉVÉRANCE.)

Persévérez dans la vertu jusqu'à l'avènement du Seigneur.    S. Jacq. v.

### IMPÉRIALE. (PUISSANCE.)

L'Agneau qui a souffert la mort est digne de recevoir la puissance, la divinité, la sagesse, la force, l'honneur, la gloire et la louange.    Apoc. v.

### IVRAIE. (VICE.)

Lorsque le méchant est descendu au dernier degré du vice, il méprise tout, mais l'ignominie et l'opprobre le suivent. Prov. XVIII.

## J.

### JASMIN COMMUN. (AMABILITÉ.)

Le sage se rend aimable dans ses discours. Eccl. XXI.
L'homme dont la société est aimable se fera chérir plus qu'un frère. Prov. XVIII.

### JONC. (DOCILITÉ.)

Obéissez à vos supérieurs, et soyez-leur soumis, afin qu'ils s'acquittent avec joie, et non avec tristesse, de leur surveillance sur vos âmes, dont ils doivent rendre compte à Dieu. Hebr. XIII.

### JONQUILLE. (DÉSIR.)

Ne suivez pas tous vos désirs, et détournez-vous de votre propre volonté. Si vous contentez les désirs de votre âme, vous deviendrez la joie de vos ennemis.
Eccli. XVIII.

### JULIENNE. (FAUSSETÉ.)

Ceux qui sont dissimulés et doubles de cœur attirent sur eux la colère de Dieu. Job. XXXVIII.

### JUSQUIAME. (PERFIDIE.)

Ne suivez pas la voie des impies, fuyez les méchants.
Prov. IV.

## K.

### KETMIA. (NÉGLIGENCE.)

Celui qui méprise les petites choses tombera insensiblement. Eccli. XIX.

## L.

### LAVANDE. (MÉFIANCE.)

Si vous avec un ami, éprouvez-le et ne le croyez pas aisément. Eccl. vi.

### LIANE. (NŒUDS.)

Les liens de la sagesse sont des ligatures salutaires.
Eccl. vi.

### LILAS BLANC. (INNOCENCE.)

Qui montera sur la montagne du Seigneur? Celui dont les mains sont innocentes et le cœur pur.
Prov. xxiii.

### LIS. (CANDEUR.)

Celui qui aime la pureté du cœur aura le Roi pour ami Ps. xxii.

## M.

### MARRONNIER D'INDE. (LUXE.)

Un homme riche, vêtu de pourpre et de lin, se traitait magnifiquement tous les jours... Il mourut et fut enseveli dans l'enfer. S. Luc. xvi.

### MATRICAIRE. (PASSION.)

D'où viennent les guerres et les procès? n'est-ce pas des passions? S. Jacq. iv

### MÉLÈSE. (AMBITION.)

Comment es-tu tombé du ciel, toi qui disais : « J'établirai mon trône au-dessus des astres de Dieu je m'élèverai au-dessus des plus hautes nuées ! » Et cependant tu as été précipité au fond du lac ! Is. xiv.

### MENTHE. (VERTU.)

Avec le secours de Dieu, nous ferons des actes de vertu. Ps. lix.

### MENIANTHE. (CALME, REPOS.)

Vous reposerez en paix, votre sommeil sera tranquille, si vous suivez les conseils de la sagesse.
Prov. III.

### MIROIR DE VÉNUS. (FLATTERIE.)

Tenir à son ami des discours flatteurs, c'est tendre un filet à ses pieds.
Prov. XXIX.

### MORELLE, douce-amère. (VÉRITÉ.)

Suis-je devenu votre ennemi parce que je vous ai dit la vérité?
Gal. IV.

### MOUSSE. (AMOUR MATERNEL.)

Une mère peut-elle oublier son enfant? Et quand elle l'oublierait, je ne vous oublierai jamais, dit le Seigneur.
Isaïe. XLIX.

### MUGUET ANGULEUX, sceau de Salomon. (BONHEUR.)

Il est un héritage où rien ne peut ni se détruire, ni se corrompre, ni se flétrir, et qui nous est réservé dans les cieux.
S. Pierre. I. I.

## N.

### NARCISSE. (AMOUR-PROPRE.)

Ne soyez point sage à vos propres yeux.
Prov. III.

## O.

### ŒILLET BLANC. (FIDÉLITÉ.)

Ne différez point d'accomplir ce que vous avez promis à Dieu.
Eccl. V.

### ŒILLET D'INDE. (AVERSION.)

L'aversion des enfants pour les conseils de la sagesse est cause de leur perte. Jusques à quand, ô jeunesse, aimerez-vous les puérilités? Étourdis, jusques à quand aimerez-vous ce qui vous nuit? Imprudents, jusques à quand haïrez-vous la science?
Prov. I.

### ŒILLET MIGNARDISE. (ENFANTILLAGE.)

Quand j'étais enfant, je jugeais en enfant, je raisonnais en enfant; mais en arrivant à l'âge de raison, j'ai rejeté tout ce qui appartenait à l'enfance. I. Cor. XIII.

### OLIVIER. (PAIX.)

Je vous donne la paix, mais non comme le monde la donne. S Jean. XIV.

### OPHRYS-MOUCHE. (ERREUR.)

Nous ne vous avons pas prêché une doctrine d'erreur ni de tromperie; mais comme Dieu nous a choisis pour nous confier son Evangile, nous parlons non pour plaire aux créatures, mais pour plaire à Dieu, qui éprouve nos cœurs. I. Thess. II.

## P.

### PALME. (GLOIRE.)

Toute chair n'est que de l'herbe, et toute sa gloire est comme la fleur des champs. Isaïe. XL.

### PATIENCE. (PATIENCE.)

L'homme patient vaut mieux que l'homme vaillant, et le vainqueur de soi-même est préférable au conquérant des villes. Prov. XVI.

### PENSÉE. (SOUVENIR.)

Ecoutez les instructions de votre père; n'oubliez jamais les avis de votre mère. Prov. I.

### PERCE-NEIGE. (CONSOLATION.)

Seigneur, vos consolations ont réjoui mon âme à proportion des nombreux chagrins qui avaient pénétré dans mon cœur. Ps. XCIII.

### PERSIL. (FESTIN.)

Tel est ami au temps du festin, qui ne le sera plus au temps de la nécessité. Ecc. VI.

### PEUPLIER. (TEMPS.)

Faites vos bonnes œuvres avant que le temps soit passé et Dieu vous en donnera la récompense dans l'éternité.
Eccl. LI.

### PEUPLIER-TREMBLE. (GÉMISSEMENT.)

Le Saint-Esprit vient au secours de notre faiblesse; car nous ne savons ce qu'il faut demander dans nos prières, mais l'Esprit-Saint le demande pour nous avec des gémissements ineffables.
Rom. VIII.

### PIED D'ALOUETTE. (LÉGÈRETÉ.)

Une personne légère commet de grandes fautes pour badiner.
Prov. X.

### PIVOINE. (HONTE.)

Ayez de la honte pour ce que je vais vous dire; car il n'est pas bon d'en avoir pour tout, et il y a de bonnes choses qui ne plaisent pas à tout le monde. Rougissez d'adresser à vos amis des paroles offensantes, et de reprocher ce que vous avez donné.
Eccl. XLI.

### PRIMEVÈRE. (ESPÉRANCE.)

Ne vous laissez point abattre comme ceux qui sont sans espérance.
I. Thess. IV.

## R.

### RENONCULE SCÉLÉRATE. (INGRATITUDE.)

Le malheur ne sortira jamais de la maison de l'ingrat qui rend le mal pour le bien.
Prov. XVII.

### RÉSÉDA. (VERTU CACHÉE.)

Beaucoup de filles ont amassé des richesses, mais la femme vertueuse les a toutes surpassées.
Prov. XXXI.

### ROMARIN. (COURAGE.)

Agissez avec courage, que votre cœur se fortifie, et comptez sur l'aide du Seigneur.     Ps. xxvi.

### RONCE. (ENVIE.)

L'envie et la colère abrégent les jours, et l'inquiétude amène la vieillesse avant le temps.     Eccli. xxx.

### ROSE. (BEAUTÉ.)

La grâce est trompeuse, la beauté vaine ; la femme qui craint le Seigneur mérite seule d'être louée.
    Prov. xxxi.

### ROSEAU. (TRAHISON.)

Le roseau brisé trompe celui qui s'appuie dessus, et lui perce la main.     Is. xxvi.

### ROSE OUVERTE. (GRACE.)

La femme gracieuse obtiendra de la gloire.     Prov. xi.

### RUE. (PURIFICATION.)

Donnez l'aumône de ce que vous avez, et toutes choses vous seront pures. Mais malheur à vous qui payez la dîme de la menthe, de la rue et des autres herbes, et qui négligez la justice et l'amour de Dieu! c'est là ce qu'il fallait pratiquer sans omettre les autre choses.
    S. Luc. xi.

Qui est-ce qui connait ses fautes? Purifiez-moi, mon Dieu, de celles qui sont cachées en moi.     Ps. xviii.

## S.

### SAINFOIN OSCILLANT. (AGITATION.)

Les impies ressemblent à une mer agitée qui ne peut se calmer et dont les flots retombent en se brisant sur la fange.     Is. lvii.

### SARDONIE. (IRONIE.)

Vous avez méprisé mes conseils et mes réprimandes dit la Sagesse; je rirai aussi à votre mort, et je vous insulterai. *Prov.* I.

### SAUGE ÉCLATANTE. (ZÈLE.)

Le zèle de votre maison m'a dévoré. *Ps.* XXVIII.

### SAULE-PLEUREUR. (MÉLANCOLIE.)

Assis aux bords des fleuves de Babylone, nous versions des larmes en nous souvenant de Sion. Nous avons suspendu nos harpes aux saules du rivage, car les vainqueurs qui nous traînaient en captivité nous demandaient de chanter nos cantiques. Eh! comment répéter les hymnes du Seigneur sur une terre étrangère? *Ps.* CXXXVI.

### SCABIEUSE. (VEUVE.)

Le Seigneur détruira les palais des superbes, et il affermira l'héritage de la veuve. *Prov.* XV.

### SENSITIVE. (SENSIBILITÉ.)

Le juste ménage la vie des animaux mêmes qui lui appartiennent; mais les entrailles de l'impie sont cruelles. *Prov.* XII.

### SERPENTAIRE. (HORREUR.)

Dieu a également en horreur l'impie et son impiété. *Sag.* XIV.

### SOUCI. (TRISTESSE.)

Evitez la tristesse, elle ronge le cœur. *Eccli.* XXXVIII,

### SOUCI PLUVIATILE. (PRÉSAGE.)

Vous dites le soir : «Il fera beau, car le soleil est rouge.» Et vous dites le matin : «Nous aurons de l'orage, car le ciel est sombre et enflammé.» Vous savez bien reconnaître ce que présagent les diverses apparences du ciel. et vous fermez les yeux aux signes et aux prophéties! *S. Matth.* XVI.

### SYRINGA. (AMOUR FRATERNEL.)

Aimez-vous les uns les autres comme je vous ai aimés.
S. Jean. XIII.

## T.

### THUYA. (VIEILLESSE.)

La vieillesse est une couronne d'honneur quand elle suit les voies de la justice. Prov. XVI.

### THYM. (ACTIVITÉ.)

Avez-vous vu un homme prompt à faire ses œuvres? il paraîtra devant les rois, et non devant la foule populaire.
Prov. XXII.

### TOURNESOL. (FORTUNE.)

Les richesses ne serviront de rien au jour de la vengeance. Prov. XI.

### TULIPE. (ORGUEIL.)

Où sera l'orgueil, sera la confusion. Prov. XI.

## V.

### VIGNE. (IVRESSE.)

La femme qui s'adonne au vin est un sujet de grande colère et d'injures atroces; sa honte ne sera point cachée.
Eccl. XVI.

### VIGNE-ALLELUIA. (JOIE.)

L'âme joyeuse rend la jeunesse florissante; l'âme triste dessèche les os. Prov. XVII.

### VIOLETTE. (MODESTIE.)

Les fruits de la modestie sont la crainte du Seigneur, la richesse, la gloire et la vie. Prov. XXII.

### VIOLIER. (ATTACHEMENT.)

Pour moi, je suis comme l'olivier qui porte du fruit dans la maison de Dieu; j'ai établi pour toute l'éternité mon espérance en lui. Ps. LI.

## Y.

### YEUSE. (INUTILITÉ.)

Tout arbre qui ne porte pas de bons fruits sera coupé et jeté au feu.
S. Matth. VII.

## Z.

### ZINNIA. (RÉSIGNATION.)

Heureuse l'âme qui s'abandonne à la providence de Dieu afin qu'il dispose d'elle comme il lui plaira, et qui, dans tout ce qui lui arrive, ne voit que sa main paternelle.
Maximes chrétiennes.

---

La dernière page de l'album représentait une colonne antique autour de laquelle serpentait une jeune tige de lierre; aucune sentence ne se trouvait écrite au-dessous. Emilie, devinant l'intention de son aïeul, écrivit aussitôt d'une main un peu tremblante : *Bon père, vos leçons ne seront pas perdues ; je veux imiter la constance du lierre, vivre et mourir attachée à la vertu* [1].

---

L'empressement qu'Emilie avait mis à parcourir son album ne lui avait pas permis de remarquer qu'elle n'était pas seule; mais sa mère, qui venait de lire les lignes qu'elle achevait de tracer, la serrait dans ses bras; et cette aimable enfant recevait déjà la récompense de la vertu.

[1] Ces mots s'adressent à un bon père dont j'ai reçu les tendres leçons. Puissent ces pages tomber entre ses mains! il y trouvera l'expression de mon affectueuse reconnaissance.

# DICTIONNAIRE
## DU LANGAGE DES FLEURS.

### A.

| | |
|---|---|
| Absence. | Absynthe. |
| Activité. | Thym. |
| Agitation. | Sainfoin oscillant. |
| Amabilité. | Jasmin commun. |
| Ambition. | Mélèze. |
| Amour fraternel. | Syringa. |
| Amour maternel. | Mousse. |
| Amour-propre. | Narcisse. |
| Amusement frivole. | Baguenaudier. |
| Art. | Acanthe. |
| Asile, secours. | Genévrier. |
| Attachement. | Violier. |
| Attrait du jeune âge. | Ephémère de Virginie. |
| Aversion. | Œillet d'Inde. |

### B.

| | |
|---|---|
| Bassesse. | Cuscute. |
| Bavardage. | Clochette. |
| Beauté. | Rose ouverte. |
| Bonheur. | Muguet (*sceau de Salomon*). |
| Bonne éducation. | Cerisier. |
| Bonté, générosité. | Fleur d'oranger. |

### C.

| | |
|---|---|
| Calme, repos. | Ménianthe. |
| Candeur, pureté. | Lis blanc. |
| Causticité. | Géranium. |
| Charité. | Lobélia fulgens. |

Chasteté. — Chrysanthème blanche de l'Inde.
Colère. — Fraxinelle.
Consolation. — Perce-neige.
Corruption. — Datura.
Courage. — Romarin.

### D.

Désir. — Jonquille.
Désir de plaire. — Dahlia.
Deuil. — Cyprès.
Discrétion. — Capucine.
Docilité. — Jonc.
Douceur. — Giroflée.

### E.

Enfantillage. — Œillet mignardise.
Enivrement. — Héliotrope.
Envie. — Ronce.
Erreur. — Ophrys-mouche.
Espérance. — Primevère.
Etourderie. — Amandier.

### F.

Faiblesse. — Adoxa musquée.
Fausseté. — Julienne.
Félicité. — Centaurée.
Festin. — Persil.
Fidélité, bonne foi. — Œillet blanc.
Fierté. — Amaryllis.
Flatterie. — Miroir de Vénus.
Foi *(croyance)*. — Grenadille bleue.
Folie. — Ancolie.
Fortune. — Tournesol.
Franchise. — Bluet.
Frivolité. — Brize tremblante.
Froideur. — Hortensia.
Frugalité. — Chicorée.

## G.

| | |
|---|---|
| Gémissement. | Peuplier tremble. |
| Gloire. | Palmier. |
| Grâce. | Rose de mai. |
| Grandeur. | Baobab. |
| Guérison. | Baume. |
| Guerre. | Achillée mille-feuilles. |

## H.

| | |
|---|---|
| Haine. | Basilic. |
| Hermitage. | Polygala. |
| Honte. | Pivoine. |
| Horreur. | Serpentaire. |
| Humilité. | Cosse de genêt. |

## I.

| | |
|---|---|
| Immortalité. | Amarante. |
| Impatience. | Balsamine. |
| Inconstance. | Œnothère à grandes fleurs. |
| Ingratitude. | Renoncule scélérate. |
| Injustice. | Houblon. |
| Innocence. | Lilas blanc. |
| Inutilité. | Yeuse. |
| Ironie. | Sardonie. |
| Ivresse. | Vigne. |

## J.

| | |
|---|---|
| Jalousie, | Ajonc. |
| Jeunesse. | Aubépine. |
| Joie. | Vigne-alleluia. |

## L.

| | |
|---|---|
| Légèreté. | Pied d'alouette. |
| Luxe. | Marronnier d'Inde. |

## M.

| | |
|---|---|
| Maladie. | Anémone des prés. |
| Méchanceté. | Belladone. |

| | |
|---|---|
| Méfiance. | Lavande. |
| Mélancolie. | Saule pleureur. |
| Mensonge. | Buglosse. |
| Modestie. | Violette. |

## N.

| | |
|---|---|
| Négligence. | Ketmie. |
| Nœud. | Lianes. |

## O.

| | |
|---|---|
| Obstacle. | Bugrane. |
| Orgueil. | Tulipe. |

## P.

| | |
|---|---|
| Paix. | Olivier. |
| Passion. | Matricaire. |
| Patience. | Patience. |
| Pauvreté. | Clématite toujours verte. |
| Perfection. | Anacarde. |
| Perfidie. | Jusquiame. |
| Persévérance. | Immortelle. |
| Providence. | Chardon. |
| Présage. | Souci pluviatile. |
| Prudence. | Hémérocalle. |
| Pudeur. | Acacia pudique. |
| Puissance. | Impériale. |
| Purification. | Rue. |

## R.

| | |
|---|---|
| Reconnaissance. | Campanule. |
| Refroidissement. | Laitue. |
| Résignation. | Zinnia. |
| Résurrection. | Asphodèle blanc. |

## S.

| | |
|---|---|
| Sagesse. | Anémone. |
| Secret. | Capillaire. |
| Sensibilité. | Sensitive. |

Simplicité.     Eglantier.
Sortilége.     Circée.
Souvenir.     Pensée.

### T.

Temps.     Peuplier blanc.
Timidité.     Belle de nuit.
Trahison.     Roseau.
Tranquillité.     Alysse des rochers.
Tristesse.     Souci.

### U.

Utilité.     Herbe, gazon.

### V.

Vengeance.     Iris flambe.
Vérité.     Morelle douce amère.
Vertu.     Menthe.
Vertus cachées.     Réséda.
Veuve.     Scabieuse,
Vice.     Ivraie.
Vie.     Luzerne.
Vieillesse.     Thuya.

### Z.

Zèle.     Sauge éclatante.

# EXPLICATION

DE QUELQUES MOTS USITÉS DANS LA BOTANIQUE.

---

### A.

*Acaule*, sans tige.
*Agame*, privée d'organes sexuels.
*Agronomie*, régles de l'agriculture.
*Albume*, partie blanche et farineuse de la graine.
*Amentacées*, se dit des fleurs en chaton ou queue de chat.
*Angiospermie*, classe de plantes dont les semences sont recouvertes.
*Anthère*, partie supérieure de l'étamine qui contient le pollen.
*Aphyllée*, dépourvu de feuilles.
*Assoler*, alterner la culture d'un champ.
*Aubier*, couches ligneuses qui n'ont point encore acquis la dureté du bois.

### B.

*Balle*, pellicule qui couvre le grain dans les graminées.
*Bédégar*, excroissance spongieuse sur certains rosiers.
*Bijuguée*, feuille composée de quatre folioles.
*Bouture*, jeune branche que l'on coupe à certaines plantes, et qui, mise en terre, prend racine.
*Bractées*, petites feuilles qui accompagnent les fleurs.

## C.

*Calice*, production de l'écorce de la plante, servant d'enveloppe extérieure de la fleur.

*Campaniforme*, en forme de cloche.

*Capsule*, péricarpe creux, membraneux, sec, enveloppant des semences sèches.

*Carène*, pétale inférieur des papilionacées.

*Caryophillée*, en forme d'œillet.

*Caulinaire*, feuille attachée à la tige, non aux branches.

*Cayeu*, rejeton d'un ognon à fleur.

*Chaton*, espèce de calice formé d'écailles, en forme de bourgeons ou paillettes, souvent velu, sur un réceptacle commun.

*Collerette*, partie qui remplace le calice dans certaines plantes.

*Collet*, partie supérieure de la racine où commence la tige.

*Connées*, c'est-à-dire nées ensemble ; on donne cette épithète à des feuilles placées sur la tige, vis-à-vis l'une de l'autre, et réunies par leur base.

*Cortical*, fait de la substance de l'écorce.

*Corymbe*, disposition de fleurs telle que les pédoncules qui les portent sont graduées le long de la tige, comme dans la panicule, et arrivent tous à la même hauteur, formant à leur sommet une surface plane.

*Cotylédons*, substance formant la plus grande partie du volume de la semence ; sortis de terre, ils sont sous l'apparence d'une ou deux feuilles qui ne ressemblent pas à celles qui doivent les suivre.

*Cryptogame*, dont le genre est douteux.

## D.

*Décagynie*, ordre des plantes à dix pistils.

*Décandrie*, classe des plantes à dix étamines.

*Décurrent*, pétiole ou feuille dont les côtés se prolongent sur la tige.

*Diadelphie*, classe des plantes dont les étamines sont réunies par leurs filets en deux corps.

*Diandrie*, classe des plantes à deux étamines.

*Dicline*, se dit des étamines et des pistils qui se trouvent dans la même espèce sur deux fleurs distinctes, soit sur le même pied, soit sur deux pieds séparés.

*Dicotylédone*, qui a deux cotylédons.

*Didynamie*, classe des plantes à quatre étamines, deux grandes et deux petites.

*Digynie*, classe des plantes à deux pistils.

*Dioécie*. Voyez Dioïque.

*Dioïque*, qui porte des fleurs mâles ou des fleurs femelles, sur deux individus ou sur deux pieds distincts.

*Distique*, se dit des feuilles ou des rameaux rangés sur deux rangs opposés.

*Divergent*, ordre de plantes à douze pistils.

*Dodécandrie*, classe des plantes à douze étamines.

*Drageon*, pousse qui sort de la racine d'une plante.

*Drupe*, péricarpe charnu, contenant un noyau au centre.

### E.

*Endécandrie*, classe des plantes à onze étamines.

*Endocarpe*, membrane intérieure qui revêt la cavité seminifère.

*Ennéandrie*, classe des plantes à neuf étamines.

*Epicarpe*, membrane mince qui forme l'enveloppe extérieure d'un fruit.

*Epigyne*, corolle qui prend naissance au sommet de l'ovaire.

*Episperme*, pellicule qui enveloppe la graine.

*Etamines*, organes mâles des fleurs.

### F.

*Fastigié*, se dit des rameaux ou des fleurs qui partent d'un pédoncule commun.

*Flosculeux*, composé de fleurons.

*Frutescent*, se dit des tiges vivaces qui approchent de la consistance du bois.

## G.

*Géminé*, se dit des feuilles, des pédoncules ou des fleurs qui partent deux à deux du même point.

*Gemme*, bourgeon.

*Glabre*, feuille lisse, sans poils.

*Glomérule*, assemblage de fleurs par groupes disposés le long de la tige.

*Glume*, pellicule qui recouvre le grain dans les graminées.

*Gymnospermie*, classe de plantes dont les semences sont à nu

*Gynandrie*, classe des plantes dans lesquelles les deux sexes sont réunis.

## H.

*Hampe*, tige herbacée, sans feuilles, partant immédiatement de la racine et qui ne porte que des fleurs.

*Heptagynie*, ordre de plantes à sept pistils.

*Heptandrie*, classe des plantes à sept étamines.

*Hermaphrodite*, qui ne porte que des fleurs garnies d'étamines et de pistils.

*Hexagynie*, ordre de plantes qui ont six pistils.

*Hexandrie*, classe des plantes à six étamines.

*Hypocratériforme*, en forme de soucoupe.

*Hypogine*, corolle, étamine, attachée au-dessous de l'ovaire.

## I.

*Icosandrie*, classe des plantes à vingt étamines.

*Infundibuliforme*, en forme d'entonnoir.

## L.

*Labiée*, se dit des fleurs dont la corolle est partagée en deux lèvres : l'une supérieure appelée *casque*, l'autre inférieure appelée *barbe*.

*Liber*, écorce intérieure du végétal ; il est composé de pellicules qui représentent les feuilles d'un livre.

*Limbe*, partie supérieure, ordinairement ouverte et colorée, d'une corolle monopétale.

*Lobe*, chacune des deux parties qui forment la semence de certaines plantes.

## M.

*Monadelphie*, classe des plantes dont les étamines sont réunies par leurs filets en un seul corps.

*Monandrie*, classe des plantes à une étamine.

*Monocline*, se dit d'une plante dont les organes sexuels, étamines et pistils, sont réunis dans la même fleur.

*Monoécie*, classe des plantes qui portent des fleurs mâles et femelles distinctes sur la même tige.

*Monogynie*, classe des plantes dont les fleurs n'ont qu'un pistil.

*Monoïque*, qui porte sur le même pied des fleurs mâles et femelles distinctes.

*Mucroné*, terminé par une pointe aiguë.

## N.

*Nectaire*, partie de la fleur, très-variée pour la forme, où les abeilles vont prendre le miel.

## O.

*Octandrie*, classe des plantes à huit étamines.

*Ombellifère*, en ombelle ou parasol.

*Ovaire*, base souvent renflée du pistil, qui contient les rudiments des semences.

## P.

*Panduré*, se dit des feuilles qui ont la forme d'une guitare, d'un violon.

*Panicule*, assemblage de fleurs qui forment plusieurs corps séparés et allongés comme une grappe.

*Parasite*, qui naît et croît sur une autre plante et se nourrit de sa substance.

*Parabole* (en), feuille plus longue que large, arrondie au sommet, et dont le diamètre transversal diminue peu à peu.

*Parenchyme*, substance pulpeuse ou tissu cellulaire qui forme le corps de la feuille ou du pétale; il est couvert, dans l'un ou dans l'autre, d'un épiderme.

*Pédoncule*, soutien de la fleur.

*Pentagynie*, classe des plantes à cinq pistils.

*Pentandrie*, classe des plantes à cinq étamines.

*Périanthe*, calice parfait et régulier, embrassant immédiatement la fleur.

*Péricarpe*, enveloppe des semences.

*Périgyne*, corolle ou étamine insérée autour de l'ovaire libre, au fond de la fleur.

*Personné*, en forme de masque.

*Pétale*, partie d'une corolle de plusieurs pièces, ou bien formant la corolle elle-même lorsqu'elle est d'une seule pièce.

*Pétiole*, petite queue qui sert de support à la feuille.

*Phanérogame*, plante dont les organes sexuels sont apparents.

*Phytologie*, art de décrire les plantes.

*Phytothérosie*, traitement des plantes.

*Pistil*, organe femelle de la fleur.

*Plumule*, rudiment qui, lors de sa germination, sort des lobes séminaux.

*Pollen*, poussière séminale fécondante, contenue dans les anthères.

*Polyadelphie*, classe des plantes dont les étamines sont réunies par leurs filets en plusieurs corps.

*Polyandrie*, classe des plantes à plus de vingt étamines.

*Pulpe*, substance charnue des fruits, des légumes, des feuilles.

*Pyxide*, fruit en forme de boite.

## R.

*Réceptacle*, fond du calice où est fixé l'ovaire.

*Rudiment*, premier linéament de la structure des organes.

## S.

*Samare*, fruit qui consiste en une capsule coriace, membraneuse, à une ou deux loges.

*Sarcocarpe*, partie charnue des fruits.

*Sertule*, assemblage de pédicules uniflores, naissant d'un même point.

*Sessile*, sans queue, dénué de support, de pétiole.

*Silicule*, péricarpe en cœur retourné, portant un style dans l'échancrure et séparé intérieurement par une cloison transversale.

*Silique*, péricarpe membraneux, plus long que large, à deux valves où les semences sont attachées le long des deux sutures.

*Spathe*, calice membraneux dans certaines plantes.

*Spatulée*, feuille de la forme d'une spatule de pharmacien.

*Stygmate*, sommet du pistil, porté sur un style.

*Stipule*, support membraneux qui accompagne souvent les feuilles.

*Stiré*, légèrement sillonné de lignes parallèles.

*Strobile*, péricarpe imbriqué, fait d'écailles resserrées et endurcies.

*Style*, partie du pistil, ordinairement posée sur l'ovaire, portant le stigmate.

*Subulé*, en forme d'alène.

*Suture*, ligne ou sillon inégal, semblable à une couture.

*Synanthérie*, à anthères conjointes.

*Syncarde*, fruit composé de plusieurs fruits nés d'une seule fleur.

*Syngénésie*, classe des plantes à plusieurs étamines réunies.

## T.

*Taxonomie*, classification des plantes.

*Tétradynamie*, classe des plantes à quatre grandes étamines et deux courtes.

*Tétragynie*, classe des plantes à quatre pistils.

*Tétrandrie*, classe des plantes à quatre étamines.

*Thyrse*, panicule serrée, ovale, allongée.

*Tomenteux,* couvert d'un duvet plus ou moins serré.
*Triandrie,* classe des plantes à trois étamines.
*Trigynie,* classe des plantes à trois pistils.
*Tubéreux,* renflé et plus ou moins charnu.

## U.

*Utricule,* cellule en forme de petite outre.

## V.

*Verticillé,* rangé en anneau ou collier autour de la tige.
*Vivace,* qui vit plusieurs années.
*Valve,* collerette du champignon.
*Vrille,* rameau filiforme, roulé en spirale, qui sert à la plante à s'attacher aux corps voisins.

# TABLE ALPHABÉTIQUE

DES PLANTES CITÉES DANS CET OUVRAGE.

### A.

Abricotier. 42, 119.
Absynthe. 103, 195.
Abroma, 81.
Acacia. 21, 34, 48, 95, 117.
— (faux). 73.
— pudique. 48, 195.
Acanthe. 68, 91, 169, 196.
Ache, 103.
Achillée mille-feuilles. 196.
Aconit. 28, 44, 102.
Adoxa-musquée. 196.
Agave. 37.
Agrostide commun. 25.
Aigremoine. 78, 101.
Ail. 120.
Aitone. 80.
Ajonc. 196.
Algues. 83, 84, 89, 160.
Alisma. 77.
Alkekenge. 44, 103.
Alleluia. 21.

Aloès. 37.
Althéa. 94.
Alysse des rochers. 196.
Amandier. 79, 102, 103, 110, 119, 168.
Amaranthe. 28, 82, 91, 126, 153, 171.
Amaryllis jaune. 51, 196.
Amomum zingiber. 116.
Anacarde. 197.
Ancolie. 44, 79, 197.
Andrachme. 82.
Anémone. 126, 127, 152, 197.
Aneth. 31, 69.
Angélique. 103.
Anis. 93, 103.
Apios. 136.
Apocyn. 67.
Aponogéton. 78.
Arbousier. 92.
Arbre de Judée. 21, 73.

Argousier. 91.
Aristoloche. 67, 81.
Armarinte. 69.
Armoise. 170.
Arroche. 91.
Artichaut. 43, 71, 93, 120.
Arum. 23, 27, 67, 90.
Asarum. 102.
Asclépiade. 92.
Asperge. 69, 103, 120.
Asphodèle. 70, 197.

Aster. 51, 81, 122.
Astragale. 70.
Attrape-mouches. 48.
Aubépine. 32, 79, 197.
Aulne. 111, 140.
Aunée. 32.
Auréole odorante. 21.
Avoine. 109, 119.
Azalée. 92, 123.
Azédrach. 94.
Azérolier. 119.

### B.

Baccaris. 20.
Badamier. 91.
Baguenaudier. 49, 197.
Balsamine. 28, 56, 126, 153, 197.
Bambou. 37.
Bananier. 91.
Baobab. 131, 198.
Barbeau. 127.
Bardane. 103.
Basilic. 102.
Baume. 131, 140, 198.
Beccabunga. 102.
Belladone. 22, 62, 66, 70, 103, 198.
Belle de jour. 126.
— de nuit. 50, 67, 91, 103, 127, 198.
Ben. 110.
Berberis. 94.
Bédoine. 19, 102.

Bette des jardins. 18, 26.
Betterave. 103, 120.
Bignonia. 92.
Bistorte. 16, 78, 102.
Blé. 23, 27, 31, 89.
Biette. 91.
Bluet. 44, 51, 198.
Bois gentil. 51.
Bon-Henri. 103.
Boscia. 77.
Bouillon blanc. 18, 102.
Bouleau. 27.
Bourrache. 28, 67, 92, 102.
Brownée. 80.
Bryone. 103.
Bugle. 101.
Buglosse. 102, 198.
Bugrane. 103, 198.
Buis. 17, 36, 72.
Buplèvre. 21, 22.

## C.

Cacaoyer. 81, 116.
Cactier. 94.
Cactus. 50, 111.
Caféier. 112.
Caille-lait. 22, 23, 26, 93.
Calament. 102.
Calcéolaire. 123.
Callitric. 76.
Camélia. 94, 123, 124.
Camomille. 102.
Campanule. 23.
Canne à sucre. 112.
Cannellier. 91, 116.
Capillaire. 102, 199.
Caprier. 69, 93.
Capucine. 18, 70, 78, 94.
Cardamine des prés. 51.
Carde artichaut. 60, 120.
Carde poirée. 120.
Carex. 18.
Carline. 71.
Carotte. 18, 26, 69, 103, 120.
Carvi. 103.
Caryophyllus aromaticus. 116.
Catalpa. 67.
Cèdre. 55, 130.
Céleri. 60, 120.
Centaurée (petite). 23, 92, 102.
— (grande). 199.
Cerfeuil. 69, 120.

Cerisier. 103, 119, 199.
— à fleurs doubles. 122.
Chamédris. 102.
Champignon. 23, 72, 83, 84, 89, 103, 160.
Chanvre. 110.
Chardon. 18, 21, 22.
— bénit. 102.
— cardère. 187, 199.
— roland. 69.
Châtaignier. 32, 37, 55, 72.
Chélidoine. 93, 103.
Chêne. 37, 55, 82, 102, 111, 117, 130, 135, 172.
Chenillette. 70.
Chetia. 82.
Chèvre-feuille. 22, 73.
Chicorée. 60, 71, 102, 103, 120, 199.
Chiendent. 108.
Chou. 28, 31, 120.
— fleur. 120.
Chrysanthème. 122, 199.
Ciboule. 120.
Cicutaire. 69.
Cierge. 42.
Ciguë. 102.
Cinéraires. 123.
Circée. 200.
Ciste. 94.
Citronnier. 94, 103, 140.
Citrouille. 103, 120.

Clandestine. 18.
Clématite. 99, 199.
Clochette. 200.
Cochléaria. 102.
Coignassier. 62, 103, 119.
Colchique. 51, 77, 153.
Colza. 110.
Concombre. 95, 103, 120.
Consoude. 92, 103.
Convolvulus. 50.
Coquelicot. 51, 102, 174.
Corchorus. 122, 127.
Coreopsis. 122.
Coriandre. 103.
Cornouiller. 50, 73.
Coronille. 95.

Cotonnier. 110.
Coudrier. 119.
Courge. 31.
Couronne impériale. 127.
Crépide rouge. 50.
— rose. 126.
Cresson. 68.
— alénois. 31.
Creton lacciferum. 111.
— tinctorium. 111.
Crypside. 76.
Cuscute (grande). 77.
Cynoglosse. 103.
Cyprès. 18, 200.
Cytise. 73.

## D.

Dahlia. 127. 200.
Dame d'onze heures. 50.
Daphné. 124.
Dattier. 37, 90.
Datura. 49, 102, 201.

Datura fastuosa. 126.
Dentelaire. 67, 91.
Dictame. 130.
Digitale. 68, 79, 92, 102.
Dionée attrape-mouches. 48.

## E.

Ebénier. 117, 140.
Echalote. 120.
Echinope. 71.
Eclaire. 68.
Ecuelle d'eau. 20, 21.
Eglantier. 24, 127, 155, 171, 174, 201.
Elatérie. 82.

Elatine. 78.
Ellébore noir. 51.
Epervière des murs. 50.
Ephémère. 70, 201.
Epinard. 31, 71, 91, 120.
Epine-vinette. 22, 48, 94, 103.
Erable. 19, 28, 94, 136.

CITÉES DANS CET OUVRAGE

Estragon, 120.
Etoile du berger. 77.

Euphorbe. 28, 95.
Euphraise. 91.

## F.

Farrouch. 110.
Fenouil. 93, 103, 120.
Fève. 21.
Figuier. 56.
Filipendule. 16.
Fougère. 72, 83, 84, 89.
Fragon aiguillonné. 51.
Fraisier. 16, 17.

Framboise. 29, 103.
Fraxinelle. 176, 201.
Frêne. 17, 72, 83, 140.
Froment. 27, 72, 108.
Fucus. 72, 160.
Fumeterre. 80.
Fusain. 73.

## G.

Gaïac. 116.
Galenie. 78.
Garance. 103, 111.
Garou. 91, 111.
Genêt. 24, 80, 103, 200.
Genévrier. 62, 82, 95, 102. 116, 201.
Genévrier thurifère. 116.
Gentiane. 92, 103.
Geranium. 50, 80, 123, 127.
Gingembre. 90.
Ginseng. 93.

Giroflée. 68, 127, 152, 202.
Giroflée des murailles. 149.
Gland. 28.
Glinus. 79.
Globulaire. 91.
Grateron. 67.
Grenadier. 23, 103.
Grenadille bleue. 202.
Groseiller. 29, 42, 44.
Gui. 73, 82, 130.
Guimauve. 102, 103.
Guttiers. 94.

## H.

Haricot. 28, 31, 46.
Hédysarum. 47.
Héliotrope. 77, 123, 124, 127. 176, 202.

Hémérocalle. 50, 202.
Hêtre. 110.
Hièble. 103.
Hortensia. 202.

Houblon. 37, 51, 52, 82, 103, 109, 202.
Houx. 21, 77, 103.

Hyacinthe bleue. 26, 165.
Hypéricum. 51, 102.
Hyssope. 31, 51, 92, 102, 131.

## I.

Iberis. 80.
If. 140.
Immortelle. 127, 142, 155, 202.

Indigotier. 111.
Inula campana. 103.
Iris. 21, 90, 102.
Ivraie. 109, 203.

## J.

Jacinthe. 126, 127.
Jarosse. 110.
Jasmin. 23, 91, 122, 163, 203.
Jonc. 17, 88. 76, 203.

Jonquille. 152, 203.
Joubarbe. 94.
Jujubier. 42, 95, 103.
Julienne. 126, 152, 203.
Jusquiame. 21, 203.

## K.

Ketmia. 203.

## L.

Laiteron de Sibérie. 49.
Laitue, 31, 120.
Lampourde. 70.
Lauréole. 91.
Laurier. 78, 91, 102, 130, 155, 181.

Laurier omplexicaule. 22.
— cerise. 22.
— rose. 21, 38.
Laurus camphora. 117.
— cinnamomum. 116.
Lavande. 102, 204.

Lentille. 70.
— d'eau. 82.
Lentisque. 117.
Léonures. 123.
Lianes. 204.
Lichen. 61, 72, 84, 89, 103.
Lierre. 29, 33, 135.
— terrestre. 102.
Lilas. 18, 20, 25, 91, 180.
— blanc. 204.
— de Perse. 127.

Liméum. 77.
Lin. 20, 69, 77, 110.
Lis. 16, 23, 39, 103, 131, 139, 151, 155, 179, 204.
Liseron. 18, 21, 67, 92.
Lotier Saint-Jacques. 126.
Lunaire. 68.
Lupin. 110.
Lupuline. 110.
Luzerne. 33, 110.
Lychnis. 126.

## M.

Macre. 95.
Magnolia. 94.
Mahogon. 117.
Maïs. 71, 82.
Mandragore. 17, 103.
Marguerite. 24, 43, 182.
Marjolaine. 102.
Marronnier d'Inde. 77, 103, 204.
Massette. 89.
Massue. 68.
Matricaire. 93, 204.
Mauve. 44, 67, 94, 102.
Mélèse. 204.
Mélilot. 102.
Mélisse. 102, 103.
Melon. 29, 31, 67, 103, 120.
Menianthe. 103, 205.
Menthe. 92, 102, 103, 204.

Mercuriale. 82, 95.
Mérisier à grappes. 21.
Mesembryanthemum. 50.
Michelia. 78.
Mille-feuilles. 25, 102, 103.
Mille-pertuis. 81, 94, 101.
Millet. 31, 109.
Mimosa. 73, 124.
Minispermum. 82.
Mirabilis. 91.
Miroir de Vénus. 205.
Moniera. 80.
Montie des fontaines. 76.
Morelle. 67, 103, 205.
Morgeline. 69.
Mors du diable. 51.
Mouron. 17, 43, 67.
Mousonia. 80.
Mousse. 61, 83, 84, 89, 205.
Moutarde. 93, 103, 116.

Mufle de veau. 23.
Muflier. 68.
Muguet. 17, 51, 66, 96, 102.
Mûrier. 30, 95, 103.
Muscadier. 116.
Myosotis. 129.
Myosure. 77.
Myrte. 95, 140, 183.

## N.

Narcisse. 44, 77, 90, 205.
Navet. 31.
Néflier. 79, 119.
Nénuphar. 50, 90.
Népenthès. 48.
Nerprun. 95. 111.
Nicotiane. 67, 103, 116.
Nielle. 69, 78.
Nigelle. 19.
Noisetier. 18. 21.
Nostoc. 16, 32.
Noyer. 36, 72, 95, 103, 110.
Nymphæa. 21, 103.

## O.

Œillet. 18, 44, 69, 94, 127, 153, 155, 183, 285.
Œillet barbu. 26.
— de la Chine. 122.
— d'Espagne. 126.
— d'Inde. 153, 205.
— prolifère. 50, 63.
Ognon. 17, 36, 120.
Olivier. 55, 72, 110, 131.
Onagre. 69, 95.
Ophiose serpentaire. 131.
Ophrys. 81.
Oranger. 42, 73, 81, 94, 103, 140, 164, 168.
Orchis. 16, 70, 81, 90, 103, 117.
Oreille d'ours. 18, 26.
Orge. 31, 76.
Origan. 102.
Orme. 20, 28, 33, 55, 72, 103.
Orseille. 111
Ortie. 42, 45.
— blanche. 68.
Oseille. 71, 120.
Osmonde. 72.

## P.

Palmier. 17, 90, 131.
Panais. 69.
Pandan. 82.
Panis. 109.
Pâquerette. 20, 44, 71.
Pariétaire. 83, 95.
Parisette. 68.
Parnassie. 47, 51, 131.
Pas-d'âne. 101.
Passiflore. 80.
Pastel. 68.
Patiente. 103, 106.
Paturin comprimé. 18.
Pavot. 32, 68, 79, 93, 110, 116, 127, 153, 174.
Pêcher. 20, 29, 32, 38, 46, 73.
Peigne de Vénus. 69.
Pelargon. 80.
Pensée. 41, 102, 206.
Perce-neige. 51, 70, 171, 206.
Persil. 103, 120, 206.
Pervenche. 17, 101, 126.
Peuplier. 21, 25, 38, 55, 82, 195, 207.
Phlox. 92, 122, 126.
Phénix. 82.
Phytolacca. 78.
Picride (grande). 50.
Pied-d'alouette. 28, 44, 51, 70, 79, 127, 207.
Pied-de-chat. 101.
Pimprenelle. 21, 67, 120.
Pin. 17, 19, 26, 27, 55.
Pissenlit. 17, 44, 71.
Pivoine. 43, 69, 79, 102.
Plantain. 20, 91.
Plaqueminier. 92.
Platane. 21, 37, 72.
Poireau. 120.
Poirée. 31, 71, 77.
Poirier. 29, 42, 46, 52, 73.
Pois. 28, 70.
— chiche. 62.
Poivrier. 76.
Polygala. 80.
Pomme de terre. 39, 120.
Pommier. 19, 23, 29, 46, 52, 119, 167.
Porceline des prés. 51.
Potamogeton. 68.
Pourpier. 28, 31, 68, 94, 120.
Primevère. 18, 23, 26, 67, 152, 207.
Prunier. 42, 95, 119.
Pulmonaire. 64, 102.
Pyramidale. 153.

## R.

Radis. 120.
Raifort. 24, 31, 68, 92, 103.
Rai-grass. 110.
Raiponce. 67, 92.
Raisin. 29.
— d'ours. 92.
Rave. 28, 120.
Reboul. 82.
Réglisse. 103.
Reine-marguerite. 122, 126.
Renoncule. 44, 93, 126, 127, 152, 207.
Réséda. 78, 122, 207.
Rhapontie. 67.
Rhododendron. 92.
Rhubarbe. 78, 103.
Riz. 77, 709, 130.
Robinie. 19, 49.
Romarin. 68, 102, 208.
Roseau. 34, 37, 141, 208.
Rosier. 18, 19, 23, 32, 42, 43, 62, 63, 79, 103, 130, 131, 132, 139, 142, 152, 155, 161, 162, 163, 164, 165, 188, 208.
Rotang des Indes. 37.
Rue. 48, 78, 94, 208.
Rumex. 21, 71.

## S.

Sabline rouge. 50.
Safran. 51, 70, 111, 152.
Sainfoin. 110, 208.
Salacia. 81.
Salicaire. 51, 78.
Salicorne. 76.
Salsifis. 16, 25, 50, 92, 120.
Sanicle. 70, 101.
Santoline. 71.
Sapin. 27, 34, 56, 72, 95.
Saponnire. 78, 94.
Sapotillier. 92.
Sarrasin. 91.
Sassafras. 91, 131.
Sauge. 33, 68, 102, 123, 127.
Saule. 17, 18, 25, 27, 34, 55, 72, 82, 95, 130, 140.
— pleureur. 17, 190, 209.
Saururée. 78.
Savonnier. 94.
Saxifrage. 16, 51, 69, 94.
Scabieuse. 51, 71.
Scandix. 69.
Sceau de Salomon. 16, 96.
Schiefferia. 77.
Scopolendre. 102.
Scordium. 101.
Scorsonère. 92, 120.
Scrophulaire aquatique. 21.
Sedum. 159.

CITÉES DANS CET OUVRAGE  235

Seigle. 25, 27, 62, 108.
Séné. 73.
Seneçon. 23, 126.
Sensitive. 31, 48, 126, 131. 209.
Septas. 78.
Serpentaire. 209.
Sisyrinchie. 80.
Soldanelle des Alpes. 51.
Soleil. 23, 26, 32, 43, 54. 71, 81, 165, 191.
Sorbier. 79.
Souchet. 77, 89.

Souci. 49, 50, 81, 93, 171. 189, 209.
Soude. 117.
Spergule. 110.
Spirée. 73.
Staticé. 70.
Stellaire. 24.
Sumac. 95.
Sureau. 17, 26, 29, 36, 77. 93, 102, 103.
Silvie. 79.
Syringa. 22, 51, 210.

## T.

Tabac. 32, 67, 92.
Tamus. 82.
Térébinthe. 72.
Tétrara. 79.
Thé. 114.
Thlaspi. 28, 152.
Thuya. 19, 210.
Thym. 20, 103, 210.
Tilleul. 19, 20, 21, 41, 73. 94, 103.
Topinambour. 16, 39, 51.
Tormentille. 102.

Tournesol. 191, 210.
Trèfle. 70, 95, 110, 119.
Triolet. 49.
Troène. 72, 76.
Truffe. 16.
Tubéreuse. 153.
Tulipe. 28, 39, 70, 126, 151 210.
Tulipier 21.
Turquette. 103.
Tussilage. 71, 93, 102.

## V.

Valériane. 16, 76, 93, 103.
Vallisnère. 131.

Vanille. 90, 116.
Verge d'or. 18, 103.

Véronique. 91, 101, 114, 122.
Verveine. 91, 123, 130.
Vesce. 110.
Vigne. 19, 25, 29, 32, 33, 37.

40, 52, 59, 73, 94, 103, 114, 140, 210.
Violette. 24, 41, 70, 102, 145, 152, 165, 171, 193, 210.
Violier. 59, 192, 210.

## X.

Ximénèse. 50.

## Y.

Yeuse. 37, 211.

Yucca. 37.

## Z.

Zinnia. 211.

# TABLE

INTRODUCTION. . . . . . 11

## BOTANIQUE THÉORIQUE.

GLOSSOLOGIE. . . . . . . 13
Les racines. . . . . . . 16
La tige. . . . . . . 17
Les feuilles. . . . . . . 19
La fleur. . . . . . . 22
Les fruits. . . . . . . 27

PHYSIOLOGIE VÉGÉTALE. . . . . . 30
La semence. . . . . . . 31
La racine. . . . . . . 32
La tige. . . . . . . 34
Des boutons, des branches et des rameaux. . . 38
Des bulbes, bulbilles et tubercules. . . . 39
Les feuilles. . . . . . . *Ibid.*

| | |
|---|---|
| Organes accessoires. | 41 |
| La fleur. | 43 |
| Le fruit. | 45 |
| Vie des végétaux. | 47 |
| Propagation des végétaux. | 54 |
| Mort des végétaux. | Ibid. |
| PHYTOTHÉROSIE. | 57 |
| TAXONOMIE. | 64 |
| Tableau synoptique de la méthode de Tournefort. | 66 |
| Tableau synoptique du système de Linnée. | 75 |
| Tableau synoptique du système de Jussieu. | 84 |

## BOTANIQUE APPLIQUÉE.

| | |
|---|---|
| BOTANIQUE MÉDICALE. | 99 |
| BOTANIQUE AGRICOLE. | 105 |
| Culture des champs. | 106 |
| BOTANIQUE LITTÉRAIRE | 129 |
| Les Roses de M. de Malesherbes. (Anecdote.) | 132 |
| Tombeaux aériens. (Usages de l'Amérique.) | 136 |
| La Vallée de Tempé. | 137 |
| La Grotte de Calypso. | 138 |
| Le Lys et la Rose. | 139 |
| Harmonie des plantes avec différents sols. | 140 |
| Le Chêne et le Roseau. (Fable.) | 141 |
| La Chute des feuilles. (Elégie.) | 143 |
| Le Jeune Jardinier. | 144 |

| | |
|---|---|
| La Violette. (Romance). | 145 |
| Les Fleurs. | 146 |
| Variétés. | 148 |
| La Giroflée des murailles. | 149 |
| Les Fleurs. | ibid |
| Méditation sur les fleurs. | 151 |
| BOTANIQUE AMUSANTE. — Le bouquet. | 155 |
| L'herborisation. | 156 |
| L'herbier. | 157 |
| Imitez les fleurs. | 160 |
| Encore un autre amusement. | 166 |
| QUELQUES FLEURS. — L'amandier. | 168 |
| L'acanthe. | 169 |
| L'armoise. | 170 |
| L'amarante. | 171 |
| Le chêne. | 172 |
| Le coquelicot. | 174 |
| L'églantine. | ibid |
| La fraxinelle. | 176 |
| L'héliotrope. | ibid |
| Le lis. | 179 |
| Le lilas. | 180 |
| Le laurier. | 181 |
| La petite marguerite. | 182 |
| Le myrte. | 183 |
| L'œillet. | 185 |
| L'oranger. | 186 |

QUELQUES FLEURS. — Le chardon - cardère. . 187
La rose. . . . 188
Le souci. . . . 189
Le saule pleureur ou de Babylone. 190
Le tournesol des jardiniers. . 191
Le violier. . . 192
La violette. . . 193
L'album. . . . . . 194
Dictionnaire du langage des fleurs. . . 212
Explication de quelques mots usités dans la botanique. 217
Table alphabétique des plantes. . . 225

— LILLE. TYP. J. LEFORT. MDCCCLXI —

www.ingramcontent.com/pod-product-compliance
Lightning Source LLC
Chambersburg PA
CBHW071933160426
43198CB00011B/1384